마음챙김

일러두기

'emotional intelligence'는 '감성지능, 정서지능' 등으로도 번역되나 이번 How to Live & Work 시리즈에서는 '감정지능'으로 표기하였다. 유사한 경우로 'self-compassion'은 '자기 자비'로(유사 표현: 자기 연민), 'self-awareness'는 '자아 인식'으로(유사 표현: 자기 지각, 자기 인식, 자의식), 'self-knowledge'는 '자기 이해'로(유사표현: 자기 인식) 번역어의 표기를 통일하였다.

HBR'S EMOTIONAL INTELLIGENCE SERIES: MINDFULNESS

마음챙김

대니얼 골먼 외 지음 | 김효원 옮김

내 마음의 주인으로 산다는 것

차례

1
복잡한
시대에
마음챙김의 가치

엘렌 랭어와의 인터뷰

by 앨리슨 비어드

엘렌 랭어 Ellen Langer
하버드대학교 심리학 교수이며 랭어 마음챙김 연구소Langer Mindfulness Institute
창립자다.

앨리슨 비어드 Alison Beard
「하버드비즈니스리뷰」의 수석편집자다.

마음챙김에 대한 엘렌 랭어의 연구는 지난 40년간 행동경제학에서 긍정심리학에 이르는 광범위한 분야에 걸쳐 거대한 영향을 미쳤다. 랭어에 따르면, 우리 주변에서 일어나는 일에 수동적으로 반응하는 대신 적극적으로 주의를 기울일 때 스트레스를 줄이고 창의성을 높이며 성과를 개선할 수 있다. 예를 들어 랭어는 '시계 거꾸로 돌리기'라는 실험에서 노인들에게 시계가 마치 20년 전으로 되돌아간 것처럼 생활하도록 했더니 이들의 건강이 호전되었다는 결과를 얻었다. 「하버드비즈니스리뷰」의 수석편집자인 앨리슨 비어드는 랭어와 나눈 인터뷰에서 오늘날처럼 혼란이 가중되는 시대에 리더십과 경영에 마음챙김이 어떻게 적용될 수 있는지 물었다.

비어드 기초부터 시작하도록 하죠. 대체 마음챙김이란 무엇인가요? 마음챙김이라는 개념을 어떻게 정의하시는지요?

랭어 마음챙김이란 새로운 것을 적극적으로 알아차리는 과정이에요. 그럴 때 우리는 현재에 머물게 됩니다. 지금 이 순간 우리가 놓여 있는 맥락과 관점을 예민하게 느끼게 되죠. 몰입의 정수라고 할까요. 마음챙김을 실천하면 에너지가 소모되지 않고 오히려 솟아납니다. 흔히들 마음챙김이라는 것은, 생각을 많이 해야 하니 성가시고 힘들 거라고 오해합니다. 하지만 정작 힘든 건, 아무 생각 없이 부정적인 판단을 내리거나 새로운 골칫거리가 생길까봐 걱정하고 당면한 문제를 해결하지 못할까봐 안달하는 행동이에요.

우리는 누구나 안정을 추구합니다. 그래서 모든 걸 가만히 붙잡고 있어요. 그러면 삶을 통제할 수 있을 거라고 생각하거든요. 하지만 세계는 언제나 변화하고 있기 때문에 그런 바람은 이루어지지 않습니다. 오히려 통제력을 잃어버리게 되죠.

우리가 일하는 모습을 생각해봅시다. "이런 일은 이런 방식대로 해야 해"라는 말은 틀렸습니다. 어떤 일이든 항상 다양한 방법이 존재하게 마련이고, 그 가운데서 지금 처한 상황에 맞는 방식을 선택할 뿐이죠. 어제의 해결책으로 오늘의 문제를 풀 수는 없는 법입니다. 그러니 누군가로부터 "이 방법이 좋으니 잘 익혀서 제2의 천성이 되도록 하십시오"라는 말을 듣는다면 경계해야 합니다. 마음을 놓치게 만드는 말이기 때문이에요. 규칙은 그 규칙을 만든 사람에게나 효과적입니다. 그 사람과 다르면 다를수록 역효과가 나겠지요. 마음챙김을 실천할 때 우리는 규칙과 습관, 목표에 끌려다니지 않습니다. 다만 이를 지침으로 삼을 뿐입니다.

그동안 해오신 연구로 보았을 때, 마음챙김을 실천하면 구체적으로 어떤 이득을 누릴 수 있나요?

일단 성과가 나아지죠. 한번은 어느 교향악단 연주자들을 대상으로 연구를 진행했는데, 알고 보니 다들 아주 지겨워하고 있었어요. 똑같은 작품을 몇 번이고 반복해서 연주해야 하니까요. 다만 사회적으로 지위가 괜찮은 직업이다 보니 선뜻 그만둘 수 없었을 뿐이죠. 우리는 단원들을 두 집단으로 나누어서 작품을 연주하도록 했어요. 한 집단에게는 과거에 공연했던 작품들 가운데서 좋아하는 곡을 하나 연주하도록 했습니다. 마음놓침 상태로 연주하도록 유도한 거죠. 다른 집단의 단원들에게는 저마다 작품을 살짝 다른 방식으로 해석해서 의식적으로 몰입하면서 연주하도록 했습니다. 그런데 교향곡은 재즈가 아니라는 점을 기억하셔야 해요. 클래식은 재즈와 달리 아주 미묘하게 변주될 수밖에 없습니다. 이렇게 두 집단이 연주한 곡을 녹음한 다음 이 연구에 대해 아무것도 모르는 사람들에게 들려주었어요. 그랬

더니 사람들은 연주자들이 마음챙김 상태에서 녹음한 곡을 압도적인 차이로 더 좋아했습니다. 단원들이 저마다 연주에 몰입한 쪽이 더 훌륭했던 것이죠. 사람들에게 각자 하고 싶은 대로 하라고 하고 내버려두면 혼란이 초래될 것이라고 보는 견해가 있습니다. 사람들이 일부러 반항적인 의도에서 행동하면 더 그렇게 되겠죠. 하지만 모두가 같은 맥락에서 작업하고, 모두가 온전히 그 순간에 마음을 쏟는다면 함께 일한 결과가 더 좋아지지 않을 이유가 없습니다.

이밖에도 마음챙김의 장점은 많습니다. 우선 집중하기가 수월해지죠. 무엇을 했는지 더 잘 기억할 수 있어요. 더 창조적으로 일할 수 있고, 기회가 나타나면 놓치지 않습니다. 위험이 드러나기 전에 피할 수 있어요. 사람들을 더 좋아하게 되고, 역으로 사람들도 당신을 더 좋아하게 됩니다. 사람들을 함부로 평가하지 않기 때문이지요. 카리스마도 생깁니다.

일을 미루지도 후회하지도 않게 됩니다. 어떤 일을 왜 하는지 이해하면 다른 일을 하지 않았다는 이유로 자신을 책망하지 않을 테니까요. 이 순간에 오롯이 마음을 쏟아, 주어진 일을 먼저 하기로, 이 회사에서 일하기로, 이 제품을 만들기로, 이 전략을 추구하기로 결정한다면 후회할 일이 생길까요?

마음챙김에 대해 40년 가까이 연구해오면서 마음챙김을 실천하면 거의 모든 경우에서 더 긍정적인 결과를 얻을 수 있다는 점을 발견했어요. 마음챙김이 모든 행동에 영향을 미치는 상위 개념이라는 사실을 깨달으면 왜 그런지 이해할 수 있습니다. 샌드위치를 먹든, 인터뷰를 하든, 첨단기기를 만들든, 보고서를 쓰든, 어떤 상황에서도 우리는 마음을 쏟거나 아니면 놓치거나 합니다. 아마 전자라면 지금 하는 일에 마음챙김의 흔적이 남아 있을 거예요.「포춘」지가 선정한 50인의 CEO든, 가장 인상적인 예술가와 음악가든, 최고의 운동선수든, 가장 훌륭한 교사와 정비공이든, 자기 분야에서 최상층에 오른 사람들을 보면 마음챙김을 실천하는 사람들을 쉽게 찾아볼 수 있어요. 거기까지 오르기 위한 유일한 방법이 바로 마음챙김이니까요.

나의 지도 학생인 가브리엘 해먼드와 함께 실험을 하나 해보았어요. 사람들에게 실패로 판명난 제품을 새롭게 활용할 방법을 생각해보라는 과제를 주었지요. 첫 번째 집단에게는 개발에 실패한 3M의 접착제 사례를 들려주면서, 제품이 왜 애초에 의도했던 용도를 충족시키지 못했는지 설명했습니다. 마음을 챙기지 않도록 유도한 거죠. 다른 집단에게는 제품의 특성만 간단히 설명해 마음을 챙기도록 유도했습니다. 이를테면 아주 짧은 시간 동안만 들러붙는 물질이라는 식의 설명만 들려준 거지요. 당연하게도 가장 창의적인 아이디어는 두 번째 집단에서 나왔습니다.

나는 예술가이자 연구자이고 작가이자 컨설턴트예요. 각 영역에서 내가 하는 행동은 서로 깊이 연결되어 있습니다. 마음챙김과 실수라는 주제로 연구를 해봐야겠다는 생각은 그림을 그리다가 떠올랐어요. 어느 날 자홍색 물감을 쓸 생각이었는데 문득 고개를 드니 황토색을 쓰고 있더군요. 얼른 그림을 고치려고 했죠. 그런데 자홍색 물감을 쓰겠다는 마음을 불과 몇 초 전에 먹었다는 사실을 불현듯 깨달았습니다. 마음을 챙기고 있지 않았던 거죠. 사람들은 모두 이런 식으로 행동해요. 불확실성 속에서 의사결정을 내리고, 실수를 저지르면 재앙이 되는 식이에요. 그런데 우리가 걸어가는 길은 그저 선택에 불과합니다. 어느 순간에도 다른 선택을 할 수 있고, 새로운 선택이 결과적으로 더 좋을 수도 있지요. 의식적으로 깨어 있으면 실수와 친구가 될 수 있어요.

마음챙김을 실천하면 카리스마가 생겨나는 이유는 무엇인가요?

마음챙김과 카리스마의 관계는 여러 연구에서 다뤘어요. 초기 연구는 잡지를 파는 영업사원들을 분석했지요. 마음챙김을 실천한 영업사원들의 실적이 더 좋았고, 고객들로부터도 더 좋은 평가를 받았습니다. 더 최근에는 여성 리더들이 직면하는 어려움을 연구했어요.

여성 리더들은 강하고 남성적인 방식으로 행동하면 비난을 받고, 여성적으로 행동하면 나약해서 리더로서 자질이 없다는 소리를 들어요. 우리는 여성들을 두 집단으로 나누어 청중을 설득하는 연설을 맡겼어요. 첫 번째 집단에게는 남성적으로 행동하라고 지시했고, 두 번째 집단에게는 여성적으로 행동하라고 했어요. 그리고 각 집단을 다시 둘로 나누어 절반에게 연설에 온전히 마음을 쏟도록 지시했습니다. 청중은 연설자가 어떤 성 역할을 연기했는지와 관계없이 마음챙김을 실천한 사람들을 선호했습니다.

마음챙김을 실천하면 다른 사람을 함부로 평가하지 않는다고도 말씀하셨죠?

그렇습니다. 우리는 아무 생각 없이 사람들을 판단하는 경향이 있어요. 이 사람은 편협하고 저 사람은 충동적이야 식으로 단정짓는 것이죠. 그런데 누군가를 그런 식으로 규정하면 상대와 즐거운 관계를 맺거나 상대의 재능을 활용할 기회를 놓치게 됩니다. 마음챙김을 실천하면 사람들이 왜 그렇게 행동하는지 이해할 수 있어요. 그렇게 행동한 데에는 그럴 만한 이유가 있을 테고, 만일 없었다면 그렇게 행동하지 않았을 테니까요.

한번은 사람들에게 각자 자신의 성향을 평가하도록 했습니다. 가장 바꾸고 싶은 측면과 가장 중요하다고 생각하는 측면을 고르라고 했지요. 그런데 결과는 매우 역설적이었습니다. 사람들이 중요하다고 평가한 성향은 자신이 바꾸고 싶은 측면과 연결되어 있었거든요. 예를 들어 내가 충동적인 성향을 쉽게 바꾸지 못하는 이유는 즉흥성을 중요하게 여기기 때문입니다. 만일 당신이 나의 충동적인 행동을 바꾸고 싶다면, 내가 더 이상 즉흥성을 중요하게 생각하지 않도록 설득해야 할 것입니다. 하지만 나를 충동적인 사람이 아니라 즉흥적인 사람이라는 관점에서 보게 된다면 당신은 나를 변화시키려고 하지 않을 겁니다.

마음챙김과 경영

리더들이 마음챙김을 실천할 수 있는 방법에는 무엇이 있을까요?

한 가지 방법은 자기 생각이 완전히 투명하게 드러난다고 상상하는 것입니다. 그러면 다른 사람에 대해 안 좋은 생각을 품지 않을 겁니다. 대신 상대의 관점을 이해할 방법을 찾겠지요.

직원이 보고서를 늦게 제출하거나 당신이 기대했던 방식으로 일하지 않아서 짜증이 나면 마음속으로 이렇게 질문해보십시오. "지금 벌어진 일이 커다란 재앙인가, 아니면 조금 불편한 일인가?" 아마도 후자일 가능성이 높을 것입니다. 우리를 짜증나게 만드는 대다수 일이 그렇습니다.

나는 사람들에게 일과 삶의 균형이 아니라 **일과 삶의 통합**이라는 관점에서 생각하라고 말합니다. '균형'이란 말은 일과 삶이 정반대이며 공통분모가 없다는 의미를

담고 있습니다. 하지만 사실은 그렇지 않아요. 우선 둘 다 주로 사람과 관련이 있지요. 둘 다 스트레스를 줄 수 있어요. 둘 다 계획을 세우고 지켜야 합니다. 일과 삶을 분리하면 한 영역에서 거둔 성공을 다른 영역에 적용하지 못합니다. 마음챙김을 실천하면 두 영역은 그저 인위적으로 정의되었을 뿐 우리를 가두지 못한다는 사실을 깨달을 수 있어요.

또한, 스트레스란 어떤 사건이 벌어진 결과가 아니라는 점을 기억해야 합니다. 스트레스는 우리가 사건을 어떤 관점으로 바라보기로 선택했는가에 달려 있습니다. 어떤 끔찍한 사건이 일어날 것 같다는 예상을 한다고 가정해보죠. 예측은 환상일 뿐입니다. 우리는 어떤 일이 일어날지 알지 못합니다. 직장을 그만두지 못하는 이유를 다섯 가지만 생각해보세요. 그다음에는 직장을 잃었을 때 기대되는 이점을 다섯 가지 떠올려보세요. 새로운 경력 기회가 있을 수도 있고, 가족과 더 많은 시간을 보낼 수도 있겠죠. 조금 전까지는 나쁜 일이 틀림없이 일어날 것으로 생각됐는데, 지금은 그 일이 일어날 수도 있지만 일어나더라도 괜찮으리라는 쪽으로 생각이 바뀌었을 거예요.

맡은 책임이 지나치게 커서 완전히 압도된다고 느낄 때도 같은 방법으로 생각해보세요. 온갖 일을 오직 당신 혼자만 할 수 있다는 믿음에 질문을 던져보세요. 맡은 일을 해결할 방법이 한 가지밖에 없을까요? 당신이 그 일을 하지 않으면 회사가 망할까요? 마음챙김의 법칙에 눈을 뜨면 스트레스는 사라집니다.

마음챙김의 상태에 이르면 어떤 일이든 긍정적인 결과도 부정적인 결과도 존재하지 않는다는 사실을 깨닫게 됩니다. 모든 일에는 어려움과 기회가 공존하게 마련입니다. 다만 A라는 결과, B라는 결과, C라는 결과가 존재할 뿐이죠.

나에게 몇 가지 상황을 제시해주면 마음챙김이 어떻게 도움이 될 수 있는지 설명해드릴게요.

제가 이끄는 팀에 불화가 있어서 팀원들이 저마다 자신의 전략이 옳다고 강하게 주장하며 입장을 굽히지 않고 있습니다. 그런데 제가 그중 하나의 전략을 선택해야 하는 상황이에요.

옛날에, 두 사람이 재판관을 찾아갔습니다. 한 사람이 자기 뜻을 호소하자 재판관이 "네 말이 옳다"고 말합니다. 이에 다른 사람이 주장을 펼치자 재판관이 또다시 "네 말이 옳다"고 말합니다. 두 사람은 말합니다. "우리 둘 다 옳을 수는 없습니다." 그러자 재판관이 말합니다. "그 말도 옳다." 우리는 으레 분쟁을 해결하려면 이쪽 아니면 저쪽 중에서 선택하든가 타협을 해야 한다고 생각합니다. 하지만 거의 모든 상황에서 모두가 득을 보는 방법을 찾을 수 있습니다. 사람들이 각자의 관점에 갇혀 있지 않도록 처음으로 돌아가서 열린 마음으로 상황을 바라보게 하세요. 태도를 바꾸어 토론하면서 서로의 방식에도 일리가 있다는 점을 깨닫게 하세요. 그런 다음 모두에게 도움이 되는 방법을 찾아보세요.

저는 기업의 임원으로 많은 책무를 지고 있는데 개인적

인 삶도 위기에 처해 있습니다.

만일 우리 집에 갑자기 일이 생겨서 이 인터뷰를 할 수 없는 상황이라면 나는 이렇게 말할 겁니다. "앨리슨, 정말 미안하지만 지금 중대한 문제가 생겨서 인터뷰에 집중할 수가 없군요." 그러면 당신은 이렇게 말하겠지요. "아니에요, 괜찮아요. 나도 지난주에 큰일을 겪었어요. 이해합니다." 그리고 나면 문제가 해결된 뒤에 인터뷰를 다시 이어갈 수 있겠지요. 그때 되면 우리는 완전히 다른 관계에서 인터뷰를 진행할 수 있을 것이고, 새로운 관계는 앞으로 우리에게 긍정적인 영향을 미칠 것입니다.

성과가 저조한 부하 직원을 평가해야 합니다.

부하 직원과 대화를 시작할 때, 그 직원의 성과에 대한 평가가 보편적인 사실이 아니라 **당신의 견해**라는 점을 확실히 하십시오. 예를 들어 학생이나 부하 직원이

1과 1을 더하면 1이라고 말했다고 해보죠. 교사나 상사는 단순히 "틀렸어"라고 말할 수도 있지만, 어떻게 해서 상대가 그러한 결론에 이르렀는지 이해하려고 노력할 수도 있습니다. 만일 학생이 "껌 한 덩이에 한 덩이를 더해도 여전히 껌은 한 덩이죠"라고 말했다면, 교사는 한 수 배운 셈이 되겠지요.

리더로서 당신은 마치 신이라도 되는 듯이 활보하면서 모두를 공포에 떨게 만들 수도 있습니다. 하지만 그런 식으로는 아무것도 배울 수 없습니다. 그 누구도 당신에게 어떠한 이야기도 하지 않을 것이고, 당신은 쓸쓸하고 불행한 사람이 되겠죠. 정상의 자리에 있다고 해서 외로워야 하는 법은 없습니다. 정상에서도 여전히 마음을 열어놓을 수 있어요.

조직에 마음챙김 문화를 확산시키려면 어떻게 해야 합니까?

기업과 컨설팅을 진행할 때 나는 사람들에게 각자가 얼

마만큼 마음을 놓치고 있는지, 그 결과 무엇을 놓치고 있는지 보여주면서 시작하곤 합니다. 내가 제시하는 두 가지 조건을 모두 충족한다면 마음을 챙기지 않아도 괜찮습니다. 첫째는 일을 가장 잘할 방법을 찾은 경우이고, 둘째는 아무것도 변하지 않는 경우입니다. 당연하지만 이러한 조건은 충족될 수 없어요. 그렇기 때문에 일할 때는 반드시 깨어 있는 상태에서 상황을 주의 깊게 살펴야 합니다. 다음으로는, 어떤 목표든 대안적 방법이 존재한다고 설명하면서 우리가 궁극적으로 도달하고자 하는 목표가 현재 지향하는 목표와 같다고 확신할 수도 없다고 말합니다. 관점이 달라지면 모든 것이 다르게 보이니까요.

또한, 리더들에게 '몰라도 괜찮다'는 문화를 만들어야 한다고 조언합니다. 리더가 아는 체해서 다른 모든 사람도 아는 척하고 그 결과 온갖 불편하고 불안한 상황을 초래하기보다 차라리 모두가 '나도 모르고, 당신도 모르고, 아무도 모른다'고 생각하는 편이 낫습니다. 무사고zero-accident 정책을 폐기하세요. 무사고 정책은 결국 모두가 최대한 거짓말을 하는 정책으로 귀결됩니다. 사람들이 "이렇게 했을 때와 저렇게 했을 때의 장점이 무엇입니까? 왜 그렇죠?"라고 자유롭게 묻도록 만드세요. 그렇게 하면 사람들은 마음의 긴장을 조금 더 풀게 되고, 당신은 잠재적 기회를 더 잘 포착하고 활용할 수 있을 것입니다.

몇 년 전 요양원을 위한 프로젝트를 진행했는데, 하루는 간호사가 나를 찾아와서 환자 한 명이 식당에 가서 식사하려 하지 않는다고 불평을 했습니다. 환자가 자기 방에서 땅콩버터를 먹겠다고 고집을 부린다고 했지요. 그래서 내가 물었습니다. "그게 왜 잘못된 건가요?" 간호사는 "모두가 따라하면 어떻게 합니까?"라고 대답했어요. 그래서 나는 이렇게 말했습니다. "만일 모두가 따라하면 식비가 대단히 줄겠네요. 하지만 더 진지하게 고민할 거리가 생기겠죠. 식사가 어떻게 준비되고 제공되는지 살펴볼 부분이 있을 겁니다. 만일 한 사람만 가끔 그런 요구를 하면 대단한 문제일까요? 항상 그렇다면 무엇이 문제인지 살펴볼 기회고요."

체크리스트를 별로 좋아하지 않으실 듯합니다.

처음엔 체크리스트를 살피는 게 괜찮습니다. 하지만 결국 대다수 사람은 마음을 놓고 체크리스트에 의존하게 되죠. 예를 들어 비행 시에는 체크리스트에 따라 고양력 장치를 올리고 조절판을 연 다음 방빙防氷 장치를 꺼야 합니다. 그런데 눈이 엄청 쏟아지는데도 방빙 장치를 끄면 비행기는 추락하겠지요.

수치화할 수 없는 정성적 정보를 얻을 수 있도록 구성된 체크리스트는 활용해도 나쁘지 않습니다. "기상 환경에 주목하십시오. 지금과 같은 상황에서 방빙 장치를 켤까요?" 혹은 "환자의 피부색이 어제와 어떻게 다릅니까?"와 같은 질문을 예로 들 수 있겠지요. 사람들에게 마음을 챙기도록 자극하는 질문을 던지면, 사람들은 현재에 집중할 수 있고 사고를 예방할 확률도 높아집니다.

덧붙이자면, 마음챙김에서 우러난 정량화할 수 없는 말은 대인관계에도 보탬이 됩니다. 다른 사람을 칭찬할 때도 "멋져요"라는 말보다는 "오늘따라 눈이 반짝거리네요"라는 말이 더 효과적이죠. 그러려면 상대를 적극적으로 알아차려야 하고, 사람들은 그런 당신의 마음을 눈치채고 고마워할 것입니다.

마음챙김과 집중

교수님이 마음챙김 연구를 시작한 이후 비즈니스 환경이 많이 달라졌습니다. 더욱 복잡하고 불확실해졌지요. 새로운 데이터와 분석이 쉴 새 없이 쏟아져나오고 있어요. 이러한 혼란 속에서 성공적으로 항해해나가기 위해서 마음챙김이 더 중요해지고 있는데요. 하지만 혼란 때문에 마음챙김을 실천하기도 어려워지고 있습니다.

나는 혼란이란 인지하기 나름이라고 봅니다. 사람들은 정보가 지나치게 많다고 말하지만, 나는 과거와 비교해 늘어나지 않았다고 생각해요. 다만 요즘 사람들은 정보를 더 많이 알아야 한다고 믿어요. 정보를 더 많이 알수록 제품의 질이 나아지고 돈도 더 많이 벌 수 있다고 생각하지요. 하지만 나는 정보의 양보다는 정보를 받아들이는 방식이 더 중요하다고 봅니다. 그리고 정보를 잘 받아들이려면 마음을 놓치지 말아야겠지요.

우리가 마음챙김을 실천하는 과정에 과학기술이 어떠한 영향을 미쳤나요? 도움이 되었나요, 아니면 방해가 되었나요?

다시 강조하지만 마음챙김은 어떤 분야에든 적용할 수 있습니다. 멀티태스킹도 마찬가지예요. 마음을 열고 경계를 느슨하게 유지하면 멀티태스킹은 효과적이에요. 한 분야에서 얻은 정보가 다른 분야에도 도움이 됩니다. 나는 과학기술이 재미있고 강력한 방식으로 활용되는 것을 보고 배워서 우리가 하는 일에 녹여내야 한다고 생각합니다.

최근 「하버드비즈니스리뷰」는 집중의 중요성을 다룬 기사를 실었습니다. 저자인 대니얼 골먼은 탐색과 활용 둘 다 중요하다고 이야기하는데요. 마음챙김의 경우에는 끊임없이 새로움을 찾는 능력과 전력을 다해 일을 해내는 능력 사이에 어떠한 균형이 필요하다고 보십니까?

바짝 경계하면서 온 신경을 집중하는 상태는 마음을 놓치고 있는 상태일 거예요. 말을 타고 숲을 지나면서 가지에 얼굴을 부딪치지 않으려고 신경을 쓰다 보면, 바닥에 놓인 바위를 보지 못해서 말에서 떨어질 수 있지요. 하지만 대니얼 골먼 교수가 설명하려던 개념은 이러한 의미의 집중이 아니라고 생각해요. 결국 유연하고 열린 마음이 필요하겠지요. 하고 있는 일에 주의를 기울이되 외골수처럼 몰두해서는 안 됩니다. 그러면 다른 기회를 놓칠 테니까요.

요즘 경영자들이 마음챙김에 대해 큰 관심을 보인다고 들었습니다. 수십 년간 연구하고 발전시킨 생각이 마침내 대세로 자리 잡았다는 사실을 언제 깨달으셨습니까?

어느 날 파티에 참석했는데 두 사람이나 나를 찾아와서 "마음챙김으로 온통 난리예요"라고 말하더군요. 그런가 하면 최근 본 어느 영상에서는 도입부에서 하버드 광장을 돌아다니며 사람들에게 마음챙김이 무엇인지 아느냐고 물었는데 아무도 모르더군요. 그러니 앞으로도 해야 할 일이 많이 남아 있다고 할 수 있겠네요.

앞으로 어떤 과제가 남아 있습니까?

랭어 마음챙김 연구소는 건강, 노화, 일터라는 세 가지 영역에서 활동하고 있어요. 건강 분야에서 우리는 몸과 마음의 관계에 대한 기존 관념에 도전하고 있지요. 몇 년 전에 호텔의 객실 청소부를 연구했는데, 청소하는 일이 사실 운동이라는 점을 설명하자 청소부들의 체중이 감소하는 효과가 있었죠. 다른 연구에서는 시력검사를 했는데, 시력검사표를 읽을 때 글자 크기가 큰 윗줄

부터 시작해서 글자 크기가 작은 아랫줄을 읽도록 지시한 사람들의 시력이 더 좋았어요. 요즘은 난치병에 마음챙김 기법을 적용해서 증상을 완화할 수 있는지 연구하고 있어요. 그뿐만 아니라 멕시코의 산미겔데아옌데를 시작으로 세계 각지에서 시계 거꾸로 돌리기 프로그램을 진행하고 있습니다. 연구를 통해 입증된 기술을 활용해서 사람들이 활기차게 생활하도록 돕고 있지요. 또한 솔로Thorlo와 산탄데르Santander 같은 기업들과 케어CARE, 버몬트 에너지 액션 네트워크Vermont's Energy Action Network 같은 비정부기구들과 함께 일과 삶의 통합, 마음챙김의 리더십과 전략, 스트레스 줄이기, 혁신 등을 다루는 콘퍼런스와 컨설팅 프로젝트를 진행하고 있습니다.

나는 새로운 아이디어를 끊임없이 내놓는 바람에 학생들로부터 원성을 사고 있습니다. 지금은 어린이를 위한 마음챙김 캠프를 만들면 어떨까 생각하고 있어요. 어린이를 스무 명 정도 모아놓고 성별, 나이, 머리색깔, 옷색깔 등에 따라 계속해서 두 집단으로 나눠보는 거예요.

그러다 보면 마침내 모두가 고유하다는 사실을 깨닫게 되겠죠. 지난 30년간 이야기해왔듯이 편견을 줄이는 최고의 방법은 차이를 부각시키는 것입니다. 그리고 게임을 하다가 중간 정도 지나면 팀을 막 섞어버리거나 한 명씩 게임규칙을 다시 정할 기회를 주는 활동도 구상하고 있어요. 그러면 자기가 얼마나 잘하는지는 특정한 조건에서 자신의 능력이 발휘된 결과에 불과하다는 점을 배울 것입니다. 나도 그래요. 만일 테니스를 칠 때 서브를 세 번 넣을 수 있다면 내 경기력은 훨씬 좋아질 거예요.

모든 리더들이 기억해야 할 마음챙김의 핵심은 무엇일까요?

조금 진부하게 들리겠지만 내가 진심으로 믿는 말이 있어요. 바로 '삶은 순간의 연속이며 오직 그뿐이다'라는 말이에요. 매 순간을 중요하게 받아들이면 모든 순간이 중요해집니다. 마음은 챙기거나 아니면 놓치거나 할 뿐이에요. 일도 잘하거나 아니면 그르칠 뿐이죠. 최악의 경우에는 마음도 놓치고 일도 그르치는 겁니다. 그러니 무슨 일을 하든 마음챙김을 실천해서 새로움을 알아차리고 이를 의미 있게 만들어보십시오. 그러면 삶이 풍요로워질 것입니다.

2

마음챙김을
실천하면
뇌가
달라진다

마음챙김의 과학

by 크리스티나 콩글턴, 브리타 K. 휠첼, 사라 W. 라자르

크리스티나 콩글턴 Christina Congleton
액손 코칭Axon Coaching의 리더십 및 변화 컨설턴트이며, 덴버대학교에서 스트레스와 뇌를 연구한다. 하버드대학교에서 인간발달 및 심리학 석사학위를 받았다.

브리타 K. 횔첼 Britta K. Hölzel
마음챙김의 신경 메커니즘을 조사하는 MRI 연구를 수행한다. 매사추세츠종합병원과 하버드의과대학의 연구원으로 재직했다. 현재는 뮌헨공과대학교에서 일한다. 독일의 기센대학교에서 박사학위를 받았다.

사라 W. 라자르 Sara W. Lazar
매사추세츠종합병원의 정신건강의학과 전임 연구원이며, 하버드의과대학 심리학과 조교수다. 임상 장면과 일반 장면에서 요가와 명상의 긍정적 효과에 내재된 신경 메커니즘을 밝히는 연구를 한다.

비즈니스 세계가 마음챙김으로 떠들썩하다. 하지만 이 난리가 사실은 자연과학으로 뒷받침되어 있다는 사실은 들어보지 못했을 것이다. 최신 연구에 따르면, 아무것도 판단하지 않고 현재를 적극적으로 알아차리는 연습을 할 때 (이른바 마음챙김을 실천할 때) 뇌가 변화하며, 이 과정은 모든 리더는 물론 오늘날의 복잡한 비즈니스 환경에서 일하는 사람이라면 반드시 알아둘 가치가 있다.[1]

2011년에 우리는 8주간 진행된 마음챙김 프로그램을 이수한 참가자들을 연구했다.[2] 참가자들의 뇌를 살펴보자 회색질이 유의미하게 증가한 모습을 관찰할 수 있었다. 그 뒤로 전 세계의 뇌과학 연구소는 마음챙김을 실천하는 핵심 방법인 명상이 뇌를 어떻게 변화시키는지 조사해왔다. 올해 브리티시컬럼비아대학교와 독일 켐니츠공과대학의 연구팀은 20개 이상의 연구에서 데이터를 확보해 뇌의 어느 부분이 공통적으로 영향을 받았는지 분석했다.[3] 연구자들은 최소 여덟 군데 영역을 파악했다. 이 글에서 우리는 비즈니스 전문가라면 특히 흥미롭게 느낄 만한 두 가지 영역에 주목한다.

첫 번째 영역은 전두엽 뒤쪽 이마 깊숙이 위치한 전방대상피질이다. 전방대상피질은 자기 조절 능력과 관련이 있다. 주의와 행동을 의식적으로 통제하고, 부적절한 반사적 반응을 억제하며, 행동 전략을 유연하게 전환하는 능력을 담당한다.[4] 전방대상피질이 손상되면 충동적으로 행동하거나 공격적인 행동을 조절하지 못한다. 이 부위를 뇌의 다른 영역과 연결하는 부분이 손상되면, 인지적 유연성을 측정하는 검사에서 성적이 저조하다. 문제를 해결하기 위해 행동을 적절히 조절하는 대신 그다지 효과적이지 않은 전략을 고집하기 때문이다.[5] 반면 명상가는 자기 조절력을 측정하는 검사 성적이 좋아서 집중을 방해하는 자극에도 흔들리지 않고 정답을 맞힌다.[6] 또한 이들은 전방대상피질이 더 활성화되어 있다.[7] 그 외에도 전방대상피질은 과거 경험에서 배울 점을 도출해서 최적의 의사결정을 내리는 데 활용하는 능력과도 관련이 있다.[8] 과학자들은 불확실하고 급변하는 환경에 직면했을 때 전방대상피질의 역할이 특히 중요하다고 지적한다.

우리가 조명하는 뇌의 두 번째 영역은 해마다. 2011년에 우리가 관찰했던, 마음챙김 프로그램 참가자들의 뇌에서 회색질이 늘어난 영역이 바로 이곳이다. 해마는 말 그대로 바다동물 해마처럼 생겼는데, 양측 관자엽 안쪽에 위치하면서 변연계 일부를 구성한다. 변연계는 정서와 기억을 담당하는 일련의 구조물이다. 해마는 스트레스 호르몬인 코르티솔을 받아들이는 수용체로 뒤덮여 있다. 여러 연구에 따르면 만성적인 스트레스로 해마가 손상될 수 있으며, 해마의 손상은 건강의 악순환을 초래한다.[9] 우울증이나 외상 후 스트레스 장애와 같이 스트레스와 관련된

장애를 겪은 사람들은 해마가 작은 편이다.[10] 이러한 연구 결과는 모두 해마가 회복탄력성에 얼마나 중요한 역할을 하는지 보여준다. 회복탄력성은 오늘날 스트레스가 가중되는 비즈니스 환경에서 우리가 주목해야 할 또 다른 핵심 능력이다.

지금까지의 연구 결과는 이야기의 서막에 불과하다. 뇌과학 연구에 의하면 마음챙김은 우리 뇌에서 바깥세계를 인식하고, 신체적 감각을 느끼며, 고통을 참고, 정서를 조절하는 영역에 영향을 미친다. 마음챙김은 또한 자신을 성찰하고 되돌아보며 복잡한 사고를 하는 뇌 영역에도 영향을 준다. 뇌에서 이러한 변화가 진행되는 절차와 원리에 대해서는 더 많은 연구가 필요하지만, 이제까지 발표된 연구 결과만 해도 벌써 흥미진진하다.

마음챙김을 리더들이 '하면 좋은' 기술로 간주해서는 안 된다. 마음챙김은 우리의 뇌를 건강하게 만들고, 자기조절 능력을 향상시키며, 의사결정을 효과적으로 내리도록 도와주고, 독약과 같은 스트레스로부터 우리를 보호하는 '필수품'이다. 마음챙김은 종교적이고 영적인 생활과 통합될 수 있으며, 일반적인 심리훈련의 형태로 연습할 수도 있다. 자리에 앉아 호흡하면서 마음챙김을 실천할 때, 특히 사람들과 함께 모여서 연습할 때, 우리에게 변화의 가능성이 깃든다.

3
몰입하기 위해
뇌를 훈련하라

일하면서 마음챙김을 실천하는 방법

by 라스무스 호가드, 재클린 카터

라스무스 호가드 Rasmus Hougaard
기업 기반의 마음챙김 솔루션을 제공하는 세계적 기업인 포텐셜 프로젝트The
Potential Project의 창립자이자 대표다. 또한 재클린 카터와 함께 『1초의 여유가
멀티태스킹 8시간을 이긴다』를 저술했다.

재클린 카터 Jacqueline Carter
포텐셜 프로젝트의 파트너로, 소니와 아메리칸 익스프레스, 캐나다왕립은행,
KPMG의 경영진을 비롯한 세계 전역의 리더들과 작업했다.

아심차게 하루를 보낼 계획을 품고 일터에 도착한다. 그런데 눈 떠보니 벌써 퇴근길이다. 아홉 시간에서 열 시간이 훌쩍 지나가지만, 우선순위에 있는 일 가운데서 몇 가지밖에 달성하지 못한다. 게다가 온종일 무엇을 했는지 정확히 기억나지도 않는다. 이런 상황이 매우 익숙하더라도 걱정할 필요 없다. 당신 혼자만 그런 것이 아니다. 연구에 따르면 사람들은 깨어 있는 시간의 47%에 가까운 시간을 그 순간 하고 있는 일이 아닌 다른 일을 생각하면서 보낸다.[1] 달리 표현하자면, 우리 대다수의 일상은 마치 자

#마음먹은 대로

045

동 기능에 맞추어놓은 듯이 흘러간다.

더욱이 우리 사회는 이른바 '주목 경제attention economy'라고 불리는 변화에 접어들었다. 주목 경제에서는 집중력을 유지하는 능력이 과학기술이나 경영기법 못지않게 중요하다. 좋은 의사결정을 내리기 위해서는 넘쳐나는 정보의 홍수를 흡수하고 통합해야 하므로 리더들은 새로운 흐름에 특히 더 큰 영향을 받고 있다.

좋은 소식은, 일상적으로 마음챙김을 실천해서 뇌를 훈련하면 집중력을 효과적으로 발휘할 수 있다는 것이다. 우리는 250개가 넘는 조직의 수천 명의 리더와 함께한 경험을 바탕으로 당신이 마음을 챙기며 몰입하는 리더가 되도록 도와줄 몇 가지 지침을 소개한다.

먼저, 하루를 올바르게 시작하라. 연구자들은 우리 몸의 스트레스 호르몬인 코르티솔이 아침에 눈을 뜬 직후 몇 분 동안 집중적으로 분비된다는 사실을 발견했다.[2] 왜 그럴까? 다가올 하루에 대해 생각하면 투쟁-도피 본능 fight-or-flight instinct(스트레스에 직면할 때 자동으로 나타나는 생리적 각성 상태 - 옮긴이)이 자극되기 때문이다. 대신 이렇게 해보자. 아침에 눈을 뜨면 침대에 누워 2분간 그저 호흡에만 집중하는 연습을 한다. 오늘 해야 할 일들에 대한 생각이 마음속에 떠오르더라도 흘려보내고 호흡으로 되돌아온다.

다음으로, 직장에 도착하면 책상 앞이나 차 안에 앉아서 10분 동안 짧게 명상하면서 본격적으로 일하기 전에 뇌를 준비시킨다. 눈을 감고 몸을 이완하면서 똑바로 앉자. 호흡에 완전히 집중한다. 숨을 들이쉬고 내뱉고, 다시 들이쉬고 내뱉을 때 느껴지는 감각을 알아차리면서 주의가 어떻게 흘러가는지 의식한다. 호흡에 계속해서 집중하기 위해서는 매번 숨을 내쉴 때마다 마음속으로 숫자를 세면 도움이 된다. 마음이 산만해진다고 느끼면 다시 호흡으로 주의를 돌리면서 마음을 흐트러뜨리는 생각을 그저 흘려보낸다. 이 순간을 즐기는 것이 가장 중요하다. 남은 하루 동안 여러 긴급한 일과 사람들이 당신의 주의를 차지하려고 경쟁할 것이다. 하지만 지금 이 10분 동안은 전부 혼자서 누릴 수 있다.

이제 일을 시작할 준비를 마친다. 일할 때도 마음챙김

을 실천하면 더욱 효과적이다. 마음챙김에는 두 가지 기술이 필요하다. 바로 **집중하기**와 **알아차리기**다. 집중이란 이 순간 하고 있는 일에 온전히 주의를 쏟는 능력이다. 알아차리기란 불필요한 일들로 마음이 흐트러질 때 이를 인식하고 흘려보내는 능력이다. 마음챙김은 정적인 활동이 아니라는 사실을 이해해야 한다. 마음챙김은 날카롭고 명료한 의식을 개발하는 활동이다. 마음챙김은 멀티태스킹이라는, 환상에 불과한 활동을 대체할 수 있는 훌륭한 대안이다. 마음을 챙기면서 일한다는 의미는 일터에 들어서는 순간부터 자신이 하는 모든 일에 집중하고 매 순간을 온전히 알아차린다는 뜻이다. 그럴 때 마음챙김은 일의 효율성을 높이고 실수를 줄여주며 창의성을 자극하는 데 도움이 된다.

집중과 알아차리기의 힘을 더 잘 이해하기 위해서는 거의 모든 사람을 괴롭히는 습관적 행동을 하나 살펴보면 좋다. 바로 이메일 중독이다. 이메일은 우리의 주의를 끌면서 우선순위가 낮은 일에 관심을 쏟도록 만드는 재주가 있다. 이메일을 확인하고 답장하는 것처럼 사소하지만 빠르게 달성할 수 있는 일을 완수하면, 우리 뇌에 즐거운 호르몬인 도파민이 생성된다. 이 호르몬 때문에 우리는 이메일에 중독되고 집중력을 낭비한다. 그러지 말고 받은 메일함을 열 때 마음을 챙기자. 중요한 일에 집중하고 마음을 흐트러뜨릴 뿐인 자극을 알아차리자. 하루를 더 기분 좋게 시작하고 싶다면 아침에 곧장 이메일을 확인하는 습관을 버리자. 그러면 탁월한 집중력과 창의성을 발휘할 잠재력이 가득한 시간에 사소한 문제들로 마음을 어지럽히지 않을 수 있다.

하루가 흘러가면서 불가피한 회의가 연달아 있을 때도 마음을 챙기면 회의를 더 짧고 효과적으로 이끌어갈 수 있다. 머릿속이 산만한 상태에서 회의에 참석하지 말고, 회의에 참석하러 가는 2분 동안 마음챙김을 실천하자. 더 좋게는 회의를 시작하기 전 2분 동안 모두가 침묵을 지키는 시간을 갖는 것이다. 그리하면 몸과 마음이 회의할 준비가 되도록 함께 다잡을 수 있다. 그리고 가능하다면 회의를 예정보다 5분 일찍 끝내서 모든 참석자가 다시 마음을 챙긴 상태에서 다음 일정을 이어나갈 수 있도록 한다.

하루가 이어지면서 뇌가 슬슬 피곤해질 때 마음챙김을

연습하면 정신을 날카롭게 유지하고, 좋지 못한 의사결정을 피할 수 있다. 점심식사를 마친 다음 휴대폰 알람을 한 시간 단위로 맞춰둔다. 알람이 울리면 하던 일을 멈추고 1분 동안 명상한다. 잠시 일을 멈추고 마음을 챙기면, 아무 생각 없이 자동 기능에 맞춰놓고 일하지 않을 수 있다.

마침내 하루가 끝나서 퇴근할 때에도 마음챙김을 실천한다. 퇴근시간 가운데 적어도 10분을 할애해서 휴대폰과 라디오 전원을 끈 채 오롯이 순간에 머문다. 마음속에 일어나는 모든 생각들을 다 흘려보낸다. 호흡에 주의를 기울인다. 그러면 하루 동안 받은 스트레스를 털어낼 수 있고, 집에 돌아가 가족에게 온전히 마음을 쏟으면서 시간을 즐길 수 있다.

마음챙김은 느릿느릿 삶을 살아가는 방식이 아니다. 직장생활을 비롯한 삶 전반에서 집중과 알아차리기를 적극적으로 실천하는 행위다. 마음을 산만하게 만드는 것들을 흘려버리고, 자기 자신과 조직의 목표에 몰입하는 방식이다. 당신만의 방식으로 마음챙김을 실천하라. 14일 동안 실천하면서 어떤 변화가 일어나는지 지켜보라.

4
마음챙김으로
재충전하라

누구나 회복탄력성 강한 사람이 될 수 있다

by 대니얼 골먼

대니얼 골먼 Daniel Goleman
럿거스대학교 조직 내 감정지능 연구 컨소시엄의 공동회장으로『감성의
리더십Primal Leadership』의 공동저자이자,『뇌와 감정지능The Brain and Emotional
Intelligence』『선을 위한 힘A Force For Good』을 썼다.

회복탄력성을 기르는 방법은 두 가지가 있다. 하나는 자신과 대화하는 것이고, 나머지 하나는 자신의 뇌를 재훈련하는 것이다.

　인생에서 결정적인 실패를 겪었다면 심리학자 마틴 셀리그먼이 「하버드비즈니스리뷰」에 기고한 기사 「회복탄력성 기르기Building Resilience」에서 건네는 현명한 조언에 귀 기울이자. 첫째, 자기 자신과 대화하라. 둘째, 자기 자신에게 인지적 중재cognitive intervention를 해주고, 패배주의적 사고를 낙관적 태도로 물리쳐라. 셋째, 비관적인 사고를 물리치고 대신 긍정적인 세계관을 지녀라.

다행히 인생의 큰 실패는 자주 겪지 않는다.

그러나 그보다 자주 경험하게 되는 짜증나는 실수와 작은 시련들, 그리고 리더의 삶이라면 일상이 되어버렸을 골치 아픈 문제들을 딛고 다시 일어서려면 어떻게 해야 할까? 이 또한 답은 회복탄력성이다. 하지만 결정적 실패로부터의 회복과는 맥락이 다르다. 이때는 당신의 뇌를 재훈련해야 한다.

일상적으로 누적되는 귀찮고 짜증나는 일에서 회복할 때 우리 뇌는 결정적인 실패를 극복할 때와 매우 다른 방식으로 작동한다. 그리고 약간의 노력만 기울이면 삶을 우울하게 만드는 일을 겪고도 금방 회복하는 능력을 키울 수 있다.

너무 마음이 상해서 나중에 후회할 말이나 행동을 했다면(누군들 가끔 그렇지 않겠는가?) 뇌의 편도체가 전전두엽 피질에서 뇌를 총괄하는 사령관을 장악했다는 분명한 신호다. 편도체는 위험을 탐지하고 투쟁-도피 반응fight-or-flight response을 촉발하는 기능을 한다. 신경계를 통해 회복탄력성을 기르기 위한 열쇠는 편도체가 활성화된 상태를 얼마나 신속히 복구할지에 달려 있다.

위스콘신대학교의 신경과학자 리처드 데이비드슨에 따르면, 편도체가 우리를 압도한 뒤 원래의 활력과 집중력을 회복할 수 있는 회로는 전전두엽 왼쪽에 집중되어 있다. 데이비드슨은 우리가 고통스러워할 때 전전두엽 오른쪽이 활성화된다는 사실을 발견했다. 말하자면 우리 모두는 왼쪽과 오른쪽 뇌의 활성 정도에 따라 그날그날의 기분에 영향을 받는다. 뇌의 오른쪽이 활성화되어 있으면 마음이 괴롭고, 왼쪽이 활발하면 스트레스를 빠르게 회복한다.

조직 구성원들의 회복탄력성 증진을 돕기 위해 데이비드슨은 업무 강도와 압박이 센 생명공학 벤처기업 CEO들과 매사추세츠대학교 의과대학 교수이자 명상 전문가인 존 카밧진과 팀을 이루었다. 카밧진은 생명공학 기업의 직원들에게 마음챙김을 실천하는 방법을 지도했다. 마음챙김이란 결국 현재 상태에서 온전히 집중하되 반응은 하지 않도록 뇌를 훈련시키는 집중력 훈련이다.

훈련 방법은 간단하다.

1. 몇 분 동안 방해받지 않고 혼자 있을 수 있는 조용한 장소를 찾는다. 예를 들면 사무실 문을 닫고 휴대폰 전원을 끈다.
2. 편안하게 앉아서 허리를 꼿꼿이 펴되 긴장을 푼다.
3. 호흡에 집중한다. 숨을 들이마실 때와 내쉴 때의 감각에 의식을 집중하고 다음 호흡으로 넘어간다.
4. 호흡이 어떠한지 판단하거나 다른 방식으로 숨을 쉬기 위해 일부러 노력하지 않는다.
5. 마음속에 떠오르는 것들은 무엇이 되었건, 생각이든 소리든 냄새든 주의를 흐트러뜨리는 방해물로 간주한다. 모두 마음 밖으로 흘려보내고 다시 호흡에 주의를 기울인다.

매일 평균 30분씩 8주 동안 마음챙김을 실천하자, 직원들의 뇌에 변화가 나타났다. 그 전까지는 뇌의 오른쪽이 주로 활성화되어 스트레스에 시달렸던 이들이 마음챙김을 실천한 이후 뇌의 왼쪽이 발달하면서 더욱 탄력적으로 스트레스에 대처하게 된 것이다. 더욱이 직원들은 일을 사랑하는 이유가 다시 떠올랐다고 말했다. 입사 초기 에너지를 얻었던 열정과 다시 가까워진 것이다.

마음챙김의 유익을 최대한 얻으려면 매일 20분에서 30분 정도 실천하는 것이 가장 좋다. 정신을 훈련하는 일과라고 생각하자. 전문가의 지도를 받으면 큰 도움이 되겠지만, 핵심은 마음챙김을 일과로 삼아 실천할 수 있는 시간을 확보하는 것이다(심지어 장거리 운전을 마음챙김을 연습할 기회로 활용할 수도 있다).

마음챙김은 냉철한 리더들 사이에서도 꾸준히 신뢰를 얻고 있다. 사업가들에게 적합한 방식으로 마음챙김을 지도하는 센터도 많다. 미국 애리조나 주의 미라발 리조트 같은 근사한 리조트에서부터 매사추세츠대학교 의과대학의 마음챙김 리더십 프로그램까지 종류는 다양하다. 구글대학교 또한 직원들에게 마음챙김을 가르치는 강좌를 수년 동안 제공하고 있다.

당신도 마음챙김 훈련법을 배워서 뇌의 회복탄력성 회

로를 조율해보면 어떨까? 높은 성과를 내는 리더들에게 스트레스는 은밀하게 유해를 끼친다. 나의 동료인 리처드 보이애치스와 애니 맥키는 다음과 같은 질문을 통해 지도자의 스트레스를 간단히 진단할 수 있다고 제안한다. "막연한 불안감과 초조함을 느끼거나 인생이 (단지 '괜찮은' 정도가 아니라) 훌륭하지 않다는 느낌을 받는가?" 잠시 짬을 내서 마음챙김을 실천하면 마음이 점차 평온해질 것이다.

5
부정적 감정에 사로잡히지 마라

효과적인 리더들이 사고와 기분을
다루는 방법

by 수전 데이비드, 크리스티나 콩글턴

수전 데이비드 Susan David

증거 기반 심리학Evidence Based Psychology의 CEO이자 코칭기관Institute of Coaching
의 공동창립자이며, 하버드대학교에서 심리학을 가르친다.

6만 단어. 우리는 하루 평균 이렇게 많은 단어를 내뱉는다. 그러니 마음속을 흘러가는 말은 얼마나 많을까? 그런 말 중 대다수는 사실이 아니라 평가와 판단이며, 감정과도 밀접하게 얽혀 있다. 어떤 말들은 긍정적이고 유익하며(**나는 열심히 노력했고 이번 발표도 성공할 거야. 이 문제는 대담하게 소신을 밝힐 가치가 있어. 새로 온 부사장은 쉽게 다가갈 수 있을 것 같군**), 어떤 말들은 부정적이고 해롭다(**저 사람 나를 일부러 무시하고 있네. 나는 완전 웃음거리가 될 거야. 나는 가짜야**).

일반적인 통념에 따르면 부정적인 생각이나 기분을 사무실에서 드러내는 행동은 좋지 않다. 경영자들, 특히 리더들은 냉정하든지 아니면 쾌활해야 한다. 자신감을 보여야 하고, 마음속에서 끓어오르는 다루기 힘든 사고와 감정을 억눌러야 한다. 하지만 이러한 믿음은 기초생물학과 어긋난다. 모든 건강한 인간은 비판과 의심, 두려움을 비롯한 다양한 생각과 감정이 내면에 흐르고 있다. 사고와 감정은 우리 마음이 문제를 예측하고 해결하며 잠재적인 위험을 피하기 위해서 반드시 필요하다.

전 세계 기업들을 자문하면서 우리는 리더들이 **바람직하지 않은 생각과 감정을 느껴서가 아니라**(이는 불가피하다) 마치 물고기가 그물에 걸리듯이 그러한 사고와 감정에 **빠질 때** 비틀거리는 모습을 관찰할 수 있었다. 대체로 두 가지 유형이 존재한다. 첫 번째 유형은 부정적인 생각이 진짜라고 생각하고 믿는 경우인데(**저번 직장에서도 똑같았지… 사회생활 내내 나는 실패작이었어**), 그러다 보면 부정적인 생각과 기분을 불러올 수 있는 상황을 회피하게 된다(**새로운 도전은 시도하지 않을래**). 두 번째 유형은 주변 사람들의 지지에 힘입어 부정적 생각을 부인하면서 자신을 합리화하려고 노력한다(**이런 생각을 해서는 안 돼… 내가 엄청난 실패자는 아니라는 걸 스스로도 잘 알잖아**). 그러면서 비슷한 상황으로 자기 자신을 몰아넣기도 한다. 심지어 자기가 추구하는 핵심 가치와 목표를 위배하더라도 굴하지 않는다(**새로운 임무를 맡아야 돼. 이 문제는 극복해야 해**). 두 경우 모두 마음의 소리에 지나치게 관심을 쏟으면서 달리 활용할 수 있었을 중요한 인지적 자원을 낭비한다.

대중적인 자기관리 전략을 동원하면 상황은 더 악화한다. 많은 리더가 직장에서 감정적 문제가 반복되어 어려움을 겪는다. 이를테면 우선순위에 대해 불안해하거나, 다른 이의 성공을 시기하거나, 거절당할까봐 두려워하거나, 모욕당했다고 생각해서 괴로워한다. 이들은 문제를 '고칠' 기술을 강구한다. 긍정적으로 생각하려고 노력하거나 우선순위에 따라 할 일을 정리하거나 특정한 과제에 몰두한다. 그런데 이런 문제로 언제부터 힘들었는지 물어보면 사람들은 10년, 20년 전부터라고 대답한다. 심지어 어린 시절부터 그랬다고 말하는 사람도 있다.

당연하지만 이러한 방법은 효과적이지 않다. 사실 많은 연구에 의하면 감정이나 생각을 억누르거나 무시하려고 시도할수록 오히려 정반대 효과가 나타난다. 하버드대학교 교수였던 고故 대니얼 웨그너가 주도한 유명한 연구가 대표적이다. 북극곰에 대해 생각하지 말라고 지시하자 사람들은 북극곰에 대한 생각을 억누르는 걸 어려워했다. 그러고 나서 금지령을 해제하자, 그러한 지시가 없었던 사람들보다 북극곰에 대해 더 많이 생각했다. 다이어트를 위해 식단 조절을 엄격히 하면서 초콜릿 케이크와 감자튀김을 꿈꿨던 사람이라면 이 현상에 공감할 것이다.

효과적인 리더는 내면의 경험을 맹신하거나 또는 억압하려고 애쓰지 않는다. 대신 마음을 온전히 쏟아 자신이 추구하는 가치에 집중하면서 생산적인 방식으로 문제에 접근한다. 그러면서 우리가 **감정 민첩성**emotional agility이라고 부르는 능력을 개발한다. 복잡하고 급변하는 지식경제시대에 사고와 감정을 관리하는 능력은 사업 성공에 필수적이다. 런던대학교의 프랭크 본드 교수와 그의 동료들은 다수의 연구에서 감정 민첩성을 발휘하면 스트레스와 실수가 줄어들고, 더 혁신적으로 사고하며, 업무 성과가 개선된다는 점을 보여주었다.

우리는 다양한 산업의 리더들이 이처럼 중요한 기술을 기르도록 도와왔다. 지금부터는 당신도 똑같이 시도해볼 수 있는 기법을 소개한다. 이 기법은 자신의 패턴을 알아차리고, 생각과 감정에 이름을 붙이고, 이를 수용한 다음, 가치에 따라 행동하는 네 단계로 이루어져 있다. 우리는 네바다대학교의 심리학자 스티븐 헤이즈가 개발한 수용전념치료acceptance and commitment therapy를 응용해서 이 기법을 개발했다.

그물에 걸린 물고기

두 가지 사례에서 시작하자. 신시아는 기업의 선임 변호사로, 두 명의 어린 자녀가 있다. 신시아는 기회를 놓치고 있다는 생각에 극도의 죄책감을 느꼈다. 직장에서 동료들이 1주일에 80시간 일할 때 자신은 50시간 밖에 일하지 못했고, 가정에서는 지나치게 피곤하거나 머릿속이 복잡해서 남편과 아이들에게 온전히 집중하지 못하고 있었다. 신시아의 머릿속은 시끌시끌했다. 한편에서는 더 열심히 일하지 않으면 경력이 실패로 돌아갈 것이라고 떠들어댔고, 다른 한편에서는 더 좋은 엄마가 되지 않으면 가족이 방치될 것이라면서 잔소리를 해댔다. 신시아는 최소한 하나의 목소리라도 틀어막고 싶었지만 그러지 못했다. 결과적으로 직장에서는 흥미롭고 새로운 도전에 손들고 나서지 못했고, 가족들과 식사하면서도 강박적으로 휴대전화 메시지를 확인했다.

제프리는 선도적인 소비재 기업의 촉망받는 임원이다. 제프리는 신시아와는 다른 문제를 겪고 있었다. 똑똑하고 재능과 야심까지 겸비했지만 종종 화가 치밀어올랐다. 자신의 견해를 무시하는 상사들에게, 지시를 따르지 않는 부하 직원들에게, 자기 역할을 다 하지 않는 동료들에게 분노가 일었다. 제프리는 직장에서 몇 번이나 분통을 터트렸고, 조심하라는 경고까지 들었다. 하지만 주의하려고 노력할 때마다 자기 성격의 핵심적인 부분을 억누르는 기분이 들었다. 결국 제프리는 더욱 분노하고 짜증을 냈다.

영리하고 성공적인 두 명의 리더는 모두 부정적인 사고와 감정에 사로잡혀 있었다. 신시아는 죄책감에 빠져들었고, 제프리는 분노를 터트리고 있었다. 신시아는 머릿속에서 윙윙거리는 목소리를 무시하려고 했고, 제프리는 불만을 참고 있었다. 두 사람 다 자기가 느끼는 불편한 감정을 회피하려고 했다. 내면의 경험에 사로잡혀 있었고, 이를 통제하려고 시도했지만 혼란에 빠져 있었다.

그물에서 벗어나기

다행히 신시아와 제프리 모두 더 효과적인 전략을 사용하지 않으면 성공할 수도, 행복할 수도 없다는 사실을 깨달았다. 우리는 두 사람을 코칭해서 네 가지 활동을 실천하도록 도왔다.

패턴 알아차리기

감정 민첩성을 발달시킬 수 있는 첫 번째 방법은 사고나 감정에 휘둘리는 순간을 알아차리는 것이다. 어려운 일이지만, 명백한 징후가 분명히 존재한다. 그중 하나로, 사고가 경직되고 단조로워진다. 예를 들어 신시아는 마음속에서 자신을 비난하는 목소리가 떠들어대는 메시지가 마치 고장난 레코드처럼 반복된다는 사실을 깨닫기 시작했다. 또한 그 내용은 과거의 몇몇 경험을 재방송이라도 하듯이 오래된 듯했다. 제프리는 특정 동료들을 향한 태도가 상당히 비슷하다는 점을 알아차렸다(**저 인간은 무능력해. 감히 나에게 이런 식으로 말하도록 내버려둘 수 없지**). 사실 제프리는 이전 직장에서도 유사한 경험을 했다. 그 이전 직장에서도 마찬가지였다. 제프리의 환경도 문제였지만 그의 생각과 감정 패턴도 문제였다. 변화를 시도하려면 먼저 자신이 어려움에 직면해 있다는 사실을 깨달아야 한다.

사고와 감정에 이름 붙이기

악순환에 빠져 있을 때에는 내면의 사고와 감정에 온통 주의가 쏠리기 때문에 거리를 두고 살펴볼 겨를이 없다. 상황을 더 객관적으로 바라보기 위한 한 가지 전략은 이름을 붙이는 것이다. 생각을 생각이라고, 감정은 감정이라고 구분해보자. '**직장과 가정에서 충분히 잘하지 못하고 있어**'라는 말은 '**나는 내가 직장과 가정에서 충분히 잘하지 못한다고 생각하고 있어**'라는 말로 대체해본다. 비슷하게 '**내 동료는 틀렸어. 너무 화가 나**'라는 말은 '**나는 지금 내 동료가 틀렸다고 생각하고 있어. 그리고 분노를 느끼고 있어**'라는 말로 바꿔본다. 이름을 붙이면 사고와 감정을 있는 그대로 바라볼 수 있다. 그러면 방금까지 느낀 생각과 감정이 나에게 도움이 될지도 안 될지도 모르는 일시적인 정보가 된다. 인간에게는 마음속에서 일어나는 생각과 기분을 마치 헬리콥터에서 지상을 내려다보듯 조망할 능력이 있다. 이와 같은 간단하고 직관적인 활동이 행동을 개선하고 행복감을 증가시킬 뿐 아니라 생물학적으로도 뇌와 세포에 긍정적 변화를 유발한다는 연구 결과가 계속 축적되고 있다. 신시아가 느긋한 마음으로 마음속 생각에 이름을 붙이기 시작하자 짙은 안개처럼 자신을 억눌렀던 비판적인 목소리가 맑은 하늘에 흘러가는 구름처럼 달라지기 시작했다.

수용하기

통제의 반대말은 수용이다. 수용이란 마음속에 떠오르는 모든 생각에 일일이 반응하거나 부정적인 생각의 소용돌이에 빠져드는 대신, 열린 태도로 생각과 감정을 알아차리고 주의를 쏟으면서 기꺼이 경험하는 행위다. 심호흡을 열 번 하고 지금 이 순간에 어떤 일이 벌어지고 있는지 관심을 기울여본다. 그러면 마음이 차분해질 수는 있지만 반드시 기분이 좋아지지는 않을 것이다. 오히려 지금 자신이 얼마나 동요하고 있는지 깨닫게 될 수도 있다. 중요한 것은 스스로에게(그리고 다른 사람에게) 약간의 공감을 베풀면서 상황을 객관적으로 파악하는 일이다. 나의 내면과 바깥세계에서 무슨 일이 벌어지고 있는가? 분노와 좌절이라는 감정을 부정하거나 억누르거나 다른 사람에게 터트리는 대신 솔직히 인정하고 천천히 살펴볼 여지를 만들자. 제프리는 그러한 감정이 에너지를 불러온다는 점을 알아차리기 시작했다. 분노라는 감정은 제프리가 중요하게 생각하는 가치가 위태로운 상황이며 생산적인 조치를 취해야 한다고 알려주는 신호였다. 감정을 수용하기 시작하자 제프리는 사람들에게 소리를 지르는 대신 명확한 행동을 요구하고 긴급한 사안을 신속히 해결할 수 있었다. 분노를 인정할수록 그는 분노라는 감정에 호기심을 느꼈고, 분노가 자신의 리더십에 손해가 아니라 도움이 될 수 있다는 가능성을 깨닫기 시작했다.

가치 실현하기

다루기 힘든 생각과 감정에서 해방되면 선택의 폭이 넓어진다. 자신이 중요하게 생각하는 가치에 부합하는 방식으로 행동하기로 결정할 수 있다. 우리는 리더들에게 **유용성**workability이라는 개념에 주목하기를 권한다. 당신의 반응이 당신 자신과 조직에 장기적·단기적으로 도움이 되는가? 공동의 목적을 발전시킬 수 있는 방향으로 사람들을 이끄는 데 도움이 되는가? 당신이 가장 지향하는 리더의 모습으로 성장하고, 당신이 가장 바라는 삶을 살기 위한 발걸음인가?

마음의 생각은 쉼 없이 흐르고 감정은 날씨처럼 변덕스럽게 변한다. 그러나 가치는 어느 순간이든, 어떤 상황이든 불변한다.

당신이 중요하게 생각하는 가치는 무엇인가?

아래 목록은 뉴멕시코대학교의 밀러, 재닛 드 바카, 매슈스, 그리고 윌번이 개발한 '개인의 가치 카드 분류Personal Values Card Sort'(2001)에서 가져왔다. 이 목록을 활용해서 스스로 어떤 가치를 중요하게 생각하는지 알아두면, 직장에서 도전적인 상황에 직면했을 때 상기할 수 있다. 다음번에 의사결정을 내릴 때에는 당신이 지향하는 가치에 당신의 선택이 부합하는지 자문해보자.

가정	목적	위험	조율
간결성	배려	유머	지식
개방성	부	의무	진정성
건강	성장	이타	질서
겸손	성취	인기	창조성
공감	신뢰	자기이해	책임
관대	안전	자율	편안
관용	안정	재미	합리성
권력	여유	전문성	헌신
권위	열정	전통	현실주의
기여	예의	정의	협력
도전	용서	정직	
독립	우정	정확	

　　자신에게 어떤 가치가 중요한지 깨닫자 신시아는 가정과 일에 얼마나 깊은 애착을 느끼고 있는지 깨달았다. 그녀는 자녀와 보내는 시간을 사랑했지만 다른 한편으로는 정의를 실현하기 위해 열정적으로 일에 헌신했다. 머릿

속을 어지럽히고 사기를 꺾었던 죄책감에서 해방되자 신시아는 자신의 원칙을 지키며 살겠다고 결심했다. 그녀는 매일 저녁 가족과 함께하는 저녁식사가 자신에게 얼마나 중요한지 깨달았고, 그 시간 동안에는 일 때문에 방해받지 않기 위해 노력했다. 그러는 한편 중요한 출장을 여러 차례 다녀왔다. 몇몇 출장은 그녀가 똑같이 중요하다고 믿는 자녀의 학교 행사와 겹치기도 했다. 단지 감정만이 아니라 가치가 자신을 인도한다는 확신이 들자 신시아는 마침내 평화와 행복을 느꼈다.

부정적인 생각과 감정을 차단하는 건 불가능하다. 효과적인 리더는 내면의 경험에 마음을 기울이지만 사로잡히지 않는다. 이들은 내면의 자원을 확보하고 자신이 추구하는 가치에 부합하는 행동에 헌신한다. 감정 민첩성은 하루아침에 발달하지 않는다. 신시아와 제프리처럼 일련의 과정을 정기적으로 훈련한 사람들조차 때로는 부정적 사고와 감정에 휘둘리곤 한다. 하지만 감정 민첩성을 기른 리더야말로 궁극적으로 가장 번영할 것이다.

6
당신이
얼마나 무례한지
알고 있는가?

권력으로 타락하지 마라

by 대커 켈트너

대커 켈트너 Dacher Keltner
캘리포니아대학교 버클리캠퍼스의 심리학과 교수이며 그레이터 굿 사이언
스 센터Greater Good Science Center 소장이다.

지난 20년간 행동 연구를 해오면서 나는 충격적인 사실을 하나 발견했다. 사람들은 공감, 협력, 관용, 공정성, 나눔과 같이 다른 사람에게 이익이 되는 행동과 특성으로 권력을 얻는데, 마침내 권력을 쥐었다고 느끼거나 특권을 행사할 수 있는 자리에 오르는 순간 그러한 덕목은 사라지기 시작한다. 권력자는 다른 사람에 비해 무례하고 이기적이며 비윤리적인 행동을 보일 가능성이 높다. 19세기 역사학자이자 정치가였던 액턴 경Lord Acton('절대권력은 절대 부패한다'라는 명언을 남겼다 – 옮긴이)은 이를 제대로 파악했다. 권력은 실제로 부패하는 경향이 있다.

나는 이러한 현상을 '권력의 역설power paradox'이라고 명명하고, 대학교와 미의회, 프로스포츠팀 등 다양한 집단을 대상으로 연구해왔다. 모든 연구에서 나는 사람들이 선한 덕목을 토대로 높은 지위를 얻지만 사다리를 타고 올라갈수록 행동이 나빠지기 시작하는 모습을 관찰할 수 있었다. 그러한 변화는 놀랍도록 빠르게 일어날 수 있다. '쿠키 몬스터'라는 이름의 실험에서 나는 참가자를 세 명씩 한 조로 구성해 실험실로 들어오도록 했다. 그중 한 명에게 임의로 리더 자격을 부여한 다음 글쓰기 과제를 주었다. 30분이 지난 후에 갓 구운 쿠키를 접시에 담아 모두가 볼 수 있는 곳에 가져다두었다. 쿠키는 총 4개였다. 모든 조에서 사람들은 쿠키를 하나씩 가져갔고 예의상 마지막 과자를 남겨두었다. 그렇다면 남들은 쿠키를 하나밖에 먹지 못한다는 사실을 알면서도 혼자 2개를 가져가는 사람은 누구일까? 대부분 리더로 지목된 사람이었다. 리더는 입을 벌리고 먹거나 쩝쩝 소리를 내거나 옷에 부스러기를 떨어트릴 가능성도 더 높았다.

연구에 따르면 부와 각종 자격도 비슷한 효과를 낼 수 있다. 또 다른 실험에서 나는 캘리포니아대학교 어바인캠퍼스의 폴 피프 교수와 함께 교차로에서 보행자가 다가올 때 어떤 운전자가 정지하고 양보하는지 관찰했다. 닷지의 콜트나 플리머스의 새틀라이트처럼 저가 자동차를 모는 운전자들은 교차로에서 보행자에게 항상 통행을 양보했다. 반면 BMW나 메르세데스벤츠처럼 고가 자동차를 모는 운전자들이 보행자에게 양보한 경우는 54%에 그쳤다. 말하자면 이들은 두 번에 한 번꼴로 보행자와 교통법규를 무시한 셈이다. 27개국의 근로자들을 대상으로 설문조사를 한 결과, 부유한 사람들은 뇌물수수나 탈세와 같은 비윤리적 행동을 용인할 가능성이 높았다. HEC 몬트리올의 대니 밀러 교수가 주도한 연구에 따르면, MBA 학위가 있는 CEO는 그렇지 않은 CEO보다 자기 잇속을 챙기는 행동을 보일 가능성이 높았다. 이들은 자신에게 주어지는 보상이 증가하면 회사 가치가 떨어져도 개의치 않았다.

이러한 연구 결과는 엔론Enron에서 분식회계를 통해 주가를 조작한 제프리 스킬링, 타이코Tyco에서 불법 보너스를 받은 데니스 코즐로브스키, 섹스파티를 열었던 베를루스코니 전 이탈리아 총리 등 권력을 남용한 상징적인 사례가 사실은 어떤 지위에 있건 모든 리더가 범하기 쉬운 잘못된 행동의 극단적 사례일 뿐이라는 점을 보여준다. 연구에 의하면, 기업에서 권력을 휘두를 수 있는 자리에 있는 사람들은 사다리의 아래쪽에 있는 사람들보다 동료를 방해하고, 미팅 때 멀티태스킹하며, 목소리를 높이고, 모욕적인 발언을 할 가능성이 세 배나 높다. 게다가 내 연구를 비롯한 다수의 연구를 살펴보면, 이제 막 고위직에 오른 사람들이 미덕을 잃을 위험이 특히 더 크다.

권력으로 타락할 때의 파급 효과는 광범위하다. 권력남용은 경영진의 평판을 떨어트려 조직에 영향력을 행사할 기회를 날려버린다. 또한 구성원에게 스트레스와 불안을 조성하여 집단의 활기와 창조성을 떨어트리고 몰입과 성과를 저해한다. 17개국에서 800명의 관리자와 근로자를 조사한 최근 설문 연구에 따르면, 직장에서 무례하게 대우받았다고 보고한 응답자 중 절반은 그러한 취급에 반발해 고의로 노력을 하지 않거나 업무의 질을 떨어뜨렸다고 답했다.

그렇다면 어떻게 해야 권력의 역설에 빠지지 않을 수 있을까? 자기 자신을 의식하고 품위를 지켜야 한다.

성찰의 필요성

첫걸음은 자아 인식self-awareness을 높이는 것이다. 고위직에 오르면 권력이라는 새로운 힘을 맛보면서 경험하는 감정과 그로 인한 행동 변화에 주의를 기울여야 한다. 나의 연구에 의하면 권력을 가질 때 사람들은 들뜬 기분에 도취한다. 자신이 중요하다고 느끼고, 에너지가 넘치며, 무엇이든 해낼 것 같고, 보상을 갈구하며, 위험에 둔감해진다. 그러면서 경솔하고 무례하며 비윤리적 행동을 보일 여지가 늘어난다. 그런데 신경과학에서 이루어지고 있는 새로운 연구에 따르면 그러한 생각과 감정('지금 이 순간 전 세계가 내 지배 아래 놓인 기분이야')을 알아차리는 것만으로도 전두엽이 활성화되어 나쁜 행동을 저지를 충동을 조절할 수 있다. 즐거움과 자신감이라는 감정을 인식하면, 그러한 기분으로 흥분해서 비합리적인 의사결정을 내릴 가능성이 줄어든다. 좌절이라는 감정을 알아차리면(예를 들어 부하 직원이 내가 기대하는 대로 행동하지 않을 때) 공격적이거나 적대적인 방식으로 대응할 확률이 감소한다.

매일 마음챙김을 실천하면 자아 인식을 높일 수 있다. 그러기 위한 한 가지 방법은 조용하고 편안한 공간에 앉아 깊게 호흡하면서 숨을 내뱉고 들이쉬는 느낌과 신체적 감각, 주변에서 들려오거나 보이는 모든 자극에 집중하는 것이다. 연구에 따르면 하루에 단 몇 분만 마음챙김을 실천해도 집중력이 높아지고 마음이 평온해진다. 바로 그런 효과 때문에 구글, 페이스북, 에트나, 제너럴 밀스, 포드, 골드만삭스와 같은 기업들은 마음챙김을 가르치는 교육 프로그램을 운영하고 있다.

자신의 태도와 행동도 돌아봐야 한다. 다른 사람을 방해하고 있는가? 다른 사람이 이야기할 때 휴대폰을 만지작거리는가? 다른 사람을 모욕하거나 당황하게 하는 농

담이나 이야기를 한 적이 있는가? 사무실에서 욕설을 내뱉는가? 모두가 노력해서 얻은 성과의 공을 가로챈 적이 있는가? 동료의 이름을 잊어버리는가? 과거보다 돈을 더 많이 쓰거나 지나치게 위험한 모험을 하지는 않는가?

이러한 질문 가운데 몇 개라도 예라고 대답했다면, 거만하고 위험한 방식으로 권력을 내보일 유혹에 빠지고 있다는 조기 징후라고 봐도 무방하다. 당신은 악의가 없을지라도 부하 직원은 그렇게 받아들이지 않는다.

최근에, 어느 케이블TV 작가팀의 점심 식사 방식 이야기를 들었다. 매일 점심에 샌드위치가 배달되면, 연공서열에 따라 작가들에게 샌드위치가 전달되었다. 이처럼 불필요할 정도로 위계적인 행동을 고치지 않았던 작가팀의 리더들은, 팀원들이 창조적이고 협력적으로 일할 잠재력을 저해하고 있음에 틀림없다. 민속학자이자 작가인 사이먼 사이넥이 최신 저작 『리더는 마지막에 먹는다』에서 소개하듯이 미군 식당에서는 정반대되는 모습을 볼 수 있다. 장교들은 마지못해 양보하는 게 아니라 부대 구성원에 대한 존중을 표현하기 위해 이 원칙을 준수한다.

품위 지키기

권력의 역설에 이미 굴복하기 시작했든 아니든 리더는 지금의 지위에 오르도록 도와준 선한 행동들을 반드시 기억하고 반복해야 한다. 나는 기업 경영자를 비롯해 권력에 오른 사람들을 대상으로 강의를 할 때 공감, 감사, 관용이라는 세 가지 필수적인 활동에 초점을 맞춘다. 이 세 가지 덕목을 실천하면 가장 경쟁이 치열한 상황에서도 자애로운 리더십을 유지할 수 있다.

한 예로 나는 린 텐 브링크, 크리스 리우, 사미르 스리바스타바와 함께 미국의 상원의원들을 연구했는데, 이 연구에 따르면 의원석을 향해 공감적인 표정과 어조를 사용한 의원들이 거만하고 위협적인 제스처와 어조를 사용한 의원들보다 더 많은 법안을 통과시켰다. 카네기멜론대학교의 아니타 울리와 MIT의 토머스 멀론이 수행한 연구에서는, 팀원들이 서로를 향해 이해와 관심, 걱정을 은근히 표현할 때 까다롭고 분석적인 과제를 더 효과적으로 해결했다.

감사를 넌지시 표현하는 행동도 긍정적인 결과를 낳는다. 연구에 따르면, 가벼운 대화를 나누면서 서로의 소중함을 인정하는 연인들이 헤어질 가능성이 낮았다. 교사가 등을 토닥여 격려한 학생이 어려운 문제에 도전할 가능성이 높았다. 새롭게 형성된 그룹에서는 구성원들에게 긍정적 표현을 한 사람들이 몇 달 뒤에 그룹에 더 강한 유대감을 느꼈다. 와튼스쿨의 애덤 그랜트는 관리자가 구성원들에게 고마움을 표현하면 구성원들이 더욱 몰입하면서 생산적으로 일한다는 사실을 발견했다. 예일대학교의 마이클 크라우스 교수와 내가 함께 진행한 NBA팀 연구에서는, 동료를 끌어안거나 머리를 쓰다듬거나 가슴을 부딪치는 등 고마움을 신체적으로 표현한 선수들이 그렇지 않은 선수들보다 동료들이 더 잘 뛰도록 영감을 주었고 시즌당 거의 2승을 더 거두었다(이는 통계적으로 유의미한 수치일 뿐 아니라 종종 플레이오프에 진출할지를 결정하는 중요한 차이가 된다).

관용을 표현하는 행동도 똑같이 강력한 효과를 발휘한다. 집단에서 새로운 아이디어를 제시하거나 자기 일이 아니더라도 도움을 제공하는 등 가진 것을 나누는 사람들은 다른 이들로부터 존경받고 영향력을 가질 자격이 있으며 리더로서 적합하다고 평가받았다. 하버드경영대학교의 마이크 노턴은 조직 구성원들에게 기부할 기회를 제공할 때 구성원들이 만족감과 성취감을 더 많이 느낀다는 사실을 발견했다.

관리자로서 모든 일이 제대로 완수되는지 감독해야 할 때에는 '선한 권력'의 윤리를 항상 실천하기가 어려울 거라고 생각할 수도 있다. 하지만 그렇지 않다. 공감과 감사, 관용을 실천하는 능력은 기회 있을 때마다 간단한 사회적 행동을 연습하는 것만으로도 배양할 수 있다. 팀미팅을 진행할 때든 고객과 협상할 때든 리더십 진단 세션에 참가할 때든 기회는 많다. 다음은 그러기 위한 몇 가지 제안이다.

공감을 실천하려면
- 다른 사람과 상호작용할 때 멋진 질문을 한두 개씩 던지고, 상대가 전달하려는 핵심을 당신의 언어로

바꾸어 표현한다.

- 열정적으로 듣는다. 말하는 사람에게 몸을 기울이고 시선을 주면서 어떤 부분에 관심과 흥미를 느끼는지 말로 표현한다.
- 누군가가 고민을 의논하려고 다가오면 "안됐군요" 혹은 "정말 힘들겠네요"와 같은 말로 마음을 표현한다. 성급하게 판단하거나 조언하지 않는다.
- 미팅에 들어가기 전에는 다른 참석자에 대해 잠시 생각하면서 그 사람의 삶에 어떤 일이 일어나고 있는지 떠올린다.

내가 만나본 리더 가운데 페이스북의 엔지니어링 디렉터 아르투로 베자르는 디자이너, 프로그래머, 데이터 전문가, 작가들로 구성된 팀을 이끌면서 공감을 최우선으로 삼는 리더다. 베자르가 사무실에서 행동하는 모습을 지켜보면서 나는 그가 주재하는 모든 미팅이 열린 질문을 중심으로 구조화되어 있으며, 그가 구성원들의 의견을 언제나 사려 깊게 경청한다는 사실을 알게 되었다. 그는 누가 되었든 발언하는 사람을 향해 몸을 기울였고, 모두의 아이디어를 신중하게 기록했다. 공감을 넌지시 표현함으로써 베자르는 자신이 구성원의 관심사를 이해하고 있으며 모두 함께 성공하기를 바란다는 신호를 구성원들에게 전달했다.

감사를 표현하려면

- 사람들과 의사소통할 때 자상한 어조로 고맙다고 말한다.
- 동료들이 일을 잘 수행하면 구체적으로 고마움을 표현하는 이메일이나 메시지를 즉시 보낸다.
- 지원 업무를 맡은 사람을 포함해서 모든 구성원이 조직에 어떠한 기여를 하고 있는지 그 가치를 공개적으로 인정한다.
- 어깨를 두드리거나 주먹이나 손바닥을 맞부딪치는 등 적절한 제스처를 사용해 구성원이 거둔 성공을 축하한다.

더글러스 코넌트는 캠벨수프사 CEO로 있을 때 조직 전체에 감사의 문화를 강조했다. 매일 코넌트는 비서와 함께 한 시간 동안 이메일과 회사의 인트라넷을 훑어보면서 '변화를 만들어내는' 직원을 찾아냈다. 그런 직원들에게 코넌트는 주로 자필로 쓴 메모로 고마움을 직접 표현했다. 그는 하루에 메모를 적어도 10장씩은 썼다고 회상하면서 10년 넘게 재직하는 동안 총 3만 장에 가까운 메모를 작성했다고 추정한다. 그는 자신이 쓴 메모가 직원들의 책상에 붙어 있는 모습을 종종 보았다고 말한다. 내가 교육한 리더들도 각자의 전략을 들려주었다. 구성원들에게 작은 선물을 주거나 근사한 식사를 대접하거나 '이 달의 직원'을 선정해서 축하하는 경우도 있었고, 실제 혹은 가상의 '감사 게시판'을 만들어서 구성원들이 서로에게 고마움을 표현하도록 장려하기도 했다.

관용을 실천하려면

- 당신이 이끌고 있는 사람들과 일대일로 가볍게 시간을 보낼 기회를 만든다.

- 사람들의 관심을 받는 중요한 책임을 위임한다.

- 칭찬에 너그러워진다.

- 스포트라이트를 독점하지 않는다. 당신의 팀과 조직
  이 성공하는 데 기여한 모든 사람에게 공을 돌린다.

픽사에서 일하는 애니메이션 감독 피트 닥터는 관용
의 달인이다. 영화 〈인사이드 아웃〉을 계기로 그와 함께
일하게 되었을 때, 나는 5년 전에 그가 제작한 영화의 어
느 경이로운 장면에 대해 궁금한 점이 많았다. 바로 영화
〈업〉에서 몽타주로 구성된 첫 장면이다. 주인공 칼은 엘
리라는 소녀를 만나 사랑에 빠지고 오랫동안 행복한 결혼
생활을 보낸 뒤 그녀가 병으로 죽는 모습을 지켜본다. 피
트에게 어떻게 그 장면을 만들었냐고 물어보자 그는 같이
작업했던 250명에 달하는 작가, 애니메이터, 배우, 스토
리보드 작가, 디자이너, 조각가, 편집자, 프로그래머, 컴퓨
터 모델러의 이름을 열거했다. 사람들이 〈인사이드 아웃〉
이 성공할 수 있었던 이유가 무엇인지 질문했을 때에도
그는 비슷한 반응을 보였다. 또 다른 예로, 나와 함께 작업

했던 켈리 윈터스 페이스북 프로덕트 매니저도 피트와 유사한 방식으로 공을 나눈다. 그녀는 자신이 이끄는 컴패션Compassion 팀에 대해 공개적으로 발언하거나 인터뷰를 할 때마다 항상 함께 작업한 데이터 분석가와 엔지니어, 콘텐츠 전문가들을 언급한다.

공감과 감사, 관용의 윤리를 실천하면 권력의 역설을 피할 수 있다. 또한 최상의 결과물을 얻고 주변 사람들에게서 협력의 분위기를 끌어낼 수 있다. 나아가 오래도록 리더십을 발휘하면서 명성이 빛날 것이며, 다른 사람에게 헌신하면서 도파민으로 풍부한 기쁨을 얻을 것이다.

7
시간이 정말 없을 때를 위하여

명상하기엔 너무 바쁜 사람들을 위한 마음챙김

by 마리아 곤잘레스

마리아 곤잘레스 Maria Gonzalez
아르고나우타 컨설팅Argonauta Consulting의 창립자이자 회장이다. 최신 저작은
『마음챙김의 리더십Mindful Leadership』이다. 최근에는 '마음챙김 리더십Mindful
Leadership' 앱을 개발했다.

마음챙김은 거의 유행어로 자리 잡은 듯하다. 대체 마음챙김이란 무엇일까? 간단히 말하자면, 어떤 상황에 있든 매 순간을 깨어서 알아차리는 것이다.

연구자들은 마음챙김을 실천하면 뇌를 더 합리적이면서 덜 감정적으로 만들 수 있다는 사실을 발견했다. 마음챙김을 실천하는 명상가들은 의사결정을 내릴 때 후뇌섬 posterior insula 활동 수준이 증가했다. 후뇌섬은 합리적인 의사결정과 관련된 뇌 부위다. 말하자면 명상가들은 감정이 아닌 사실에 기반해 의사결정을 내렸다. 또 다른 연구는 추론이 감정과 밀접하게 관련되어 있으며, 이 둘을 분리할 수 없다는 점을 발견했다. 더욱이 우리가 사람이나 사물, 생각에 대해 느끼는 긍정적 · 부정적 감정은 의식적인 사고보다 훨씬 빠르게 일어난다. 무려 밀리초(1,000분의 1초) 단위의 차이다. 우리는 본능적으로 위협적인 정보를 밀어내고 우호적인 정보를 찾는다. 투쟁-도피 반응을 모든 정보에 적용한다.

마음챙김의 효과를 누리기 위해 시도해볼 만한 몇 가지 구체적인 기법이 존재한다. 대표적으로, 하루를 본격적으로 시작하기 전에 잠시 명상에 잠김으로써 마음을 챙기는 방법이 있다. 단연 가치가 있다. 하지만 나는 온종일 매 순간에 마음챙김을 실천하는 쪽을 선호한다. 삶의 모든 장면에서 의식적으로 마음을 챙기며 살아가기 시작하면, 마음챙김을 실천하는 행위와 직장에서 발표하거나 거래를 협상하거나 자동차를 운전하거나 운동하거나 골프를 치는 행위의 경계가 어느 순간 사라진다.

내가 '마이크로 명상micro meditation'이라고 부르는 기법을 시도해보자. 한 번에 1분에서 3분 정도씩 하루에 여러 번 명상하는 방법이다. 하루에 중간중간 짬을 내서 호흡을 의식적으로 알아차린다. 스트레스를 받거나 어떤 일에 압도당한다고 느낄 때, 할 일은 많은데 시간이 몹시 부족하다고 느낄 때, 스스로 눈에 띄게 주의가 흐트러지고 초조할 때 실천하면 좋다.

우선 호흡의 질을 의식한다. 얕은가 아니면 깊은가? 나도 모르게 숨을 참고 있지 않은가? 어쩌면 복부까지 긴장하고 있지는 않은가? 어깨를 구부리고 있지는 않은가?

그다음 숨이 아랫배까지 깊숙이 차도록 호흡을 시작한다. 긴장하지 않는다. 지나치게 부자연스럽다고 느껴진다면, 숨을 가슴 아래 정도까지 끌어내리기 위해 노력해본다. 딴생각을 했더라도 자신을 나무라는 대신 다시 호흡으로 부드럽게 주의를 돌린다.

마이크로 명상을 정기적으로 실천하면 마음이 깨어 있으면서도 평온해지는 변화를 느낄 것이다. 현재에 마음을 쏟으면서 차분하게 집중할 수 있을 것이다. 매일 명상을 실천하기 위해서는 알람을 맞춰두면 도움이 된다. 하루에 두 번에서 네 번 정도 시각을 정해서 연습할 수도 있고, 한 시간마다 한 번씩 해도 괜찮다. 미팅에 참석하기 전에 실천할 수도 있고, 멀티태스킹을 하면서 집중력이 고갈됐다고 느끼는 순간도 좋다. 자신에게 가장 현실적이고 편안한 방식을 찾자. 마이크로 명상을 실천하면 마음이 건강하게 회복되면서 마음챙김이라는 근육도 단단해진다.

내가 사용하는 두 번째 기법은 이름을 '마음챙김하기 mindfulness in action'라고 지었다. 일상에 새로운 습관을 더하지 않고, 단지 몇 초 동안만 주의를 특별한 방식으로 기울이면서 하루를 약간 다르게 경험하는 방법이다.

예를 들어, 미팅에 참석했는데 잠시 딴생각을 하다가 다른 사람이 한 말을 놓쳤다고 해보자. 마음을 챙기지 않고 있었을 확률이 높다. 다음 미팅에 대해 생각했거나 앞으로 해야 할 일을 마음속으로 점검했거나 조금 전에 받은 휴대전화 메시지를 확인하고 있었을 수도 있다. 어쩌면 그저 멍하게 앉아 있었을지도 모른다. 이런 상황은 놀라울 정도로 흔하다. 안타깝지만 마음을 놓고 있으면 오해가 생기고 기회를 놓치며 시간을 허비하게 된다.

다음번에 미팅에 참석할 때에는 이렇게 해보자. 한 번

에 몇 초 동안만 다른 아무것도 하지 않은 채 **오로지 상대의 말을 듣는다**. 생각보다 힘든데, 연습하다 보면 집중력을 잃지 않은 채 꾸준히 들을 수 있다. 딴생각을 하고 있다는 사실을 알아차릴 때마다 곧장 주의를 돌려서 지금 말하고 있는 사람의 목소리에 귀를 기울인다. 처음에는 미팅에 한 번 참석할 때마다 주의를 수십 번 돌려야 할 수도 있다. 극도로 자연스러운 일이다. 인내심을 갖고 부드럽게 마음을 챙긴다. 지금 여기에 마음이 머물도록 훈련하는 과정이다.

앞서 설명했지만 이러한 기법은 뇌를 변화시킬 수 있다. 그러면 세 가지 중요한 변화가 나타난다. 첫째, 집중력이 개선된다. 둘째, 현재를 명료하게 바라보게 되면서 판단력이 좋아진다. 셋째, 평정심을 개발할 수 있다. 평정심이 발달하면 심리적·정서적 스트레스가 줄어들고 문제를 창조적으로 해결할 가능성이 높아진다.

마음챙김을 실천하면서 이 모든 혜택을 누리는 일은 대단한 헌신을 요구하지도, 특별한 훈련이 필요하지도 않다. 지금 당장, 이 순간부터 시작할 수 있다.

8

결코 성과가
당신의 가치를
결정하지 않는다

마음챙김이 생산성 향상의 도구가 될 때

잃어버리는 것들

by 샬럿 리버만

샬럿 리버만 Charlotte Lieberman
뉴욕에서 활동하고 있는 작가이자 편집자다.

나는 대학교 3학년 때 애더럴Adderall이라는 약에 중독되었다가 약물중독을 극복하기 위한 치유의 방편으로 마음챙김을 접했다. 그 당시에는 집중력을 강화하기 위해 애더럴을 복용하는 행동이 대수로운 게 아니라고 생각했다. 전국적으로 81%에 달하는 학생들이 나와 비슷한 태도를 보였다.[1]

애더럴은 무슨 일이든 힘들이지 않고 효율적으로 할 수 있는 무해한 선택처럼 보였다. 애더럴을 처음 복용한 밤 느꼈던 황홀감이 아직도 기억난다. 포크너W. Faulkner를 읽는 과제를 한 장도 빠짐없이 끝냈고(쉽지 않은 과제였다), 제출기한이 몇 주나 남은 리포트를 시작하자마자 다 썼으며(안 그럴 이유가 있을까?), 방을 청소했고(두 번씩이나), 읽지 않은 이메일을 확인하고 전부 회신했다(전혀 그럴 필요가 없었던 이메일까지). 밤새 아무것도 먹지 않은 채 새벽 4시까지 깨어 있었다는 것도 언급해야겠다. 아래턱에 힘이 잔뜩 들어가 있었고 배가 꼬르륵거렸다. 잠은 전혀 오지 않았다.

처음에는 애더럴이 집중력과 생산성을 손쉽게 얻을 수 있는 지름길이라고 생각했지만, 궁극적으로 이 선택은 자기 파괴를 향한 우회로였다. 집중력이 내가 가진 힘과 능력의 부산물이라고 생각하는 대신 나는 바깥으로 눈을 돌렸다. 알약이 내 문제를 해결해주리라 생각했다.

긴 여정이었지만 짧게 말하자면, 나는 마침내 문제를 깨닫고 약을 끊었다. 그리고 심각한 자기 비난에 대한 해독제를 찾았다. 해독제는 바로 명상, 그 가운데서도 특히 마음챙김(또는 위파사나Vipassana) 명상이었다.

그렇기에 주의와 생산성에 도움이 된다는 게 과학적으

로 입증되었다는 이유로 마음챙김이 언론을 단번에 사로
잡았다는 사실이 나에게는 다소 아이러니하다.[2]

단지 과거에 생산적인 사람이 되기 위해 스스로를 압박
한 결과, 나 자신을 치유하려는 방법으로 마음챙김을 접
했기 때문만은 아니다. 마음챙김은 파란 알약이 아니지만
사람들은 마음챙김이 집중력과 생산성을 촉진하는 일종
의 모닝커피라고 생각하는 추세다. 개인의 성장과 통찰을
지향하는 전통적 지혜는 우리 문화에서 경력 개발과 효율
성을 위한 도구로 흡수되고 있다. 특정한 목표를 달성하
기 위해 마음챙김을 사용해도 될까? 오직 '존재'가 전부인
실천을 '행동'을 위한 또 다른 도구로 간주해도 될까?

기업들은 그래도 된다고 생각하는 듯하다. 마음챙김이
얼마나 유행인지 나라 전역에서 기업을 위한 마음챙김 프
로그램이 급격히 증가하고 있다. 구글은 구성원들이 일
터에서 마음챙김 명상을 실천할 수 있도록 '내면을 탐구
하라Search Inside Yourself'는 교육 프로그램을 운영하고 있
다. 최근 출간된 데이비드 겔레스의 저서 『마음챙김과 일
Mindful Work』이 조명하듯이 골드만삭스, HBO, 도이체방

크, 타깃, 뱅크오브아메리카를 비롯한 다수의 기업들은 구성원들에게 마음챙김을 떠밀듯이 권하고 있다.

프로스포츠 세계, 특히 가장 최근에는 NFL(미국 프로 미식축구 연맹)이 주류 마음챙김 운동의 성취지향적인 측면에 관심을 보인다. 2015년에 「월스트리트저널」은 시애틀 시호크스가 전년도 슈퍼볼(미국 프로 미식축구의 챔피언 결정전 – 옮긴이)에서 승리를 거둔 요인을 분석했는데, 팀의 비밀무기는 스포츠 심리학자와 함께 선수들이 마음챙김을 훈련해온 것이라고 설명했다. 시호크스의 코치인 탐 케이블은 팀이 "믿을 수 없을 정도로 마음이 깨어 있다"라고 설명하기까지 했다.

이 기사는 1월에 작성되었는데, 시호크스가 2015년 슈퍼볼에서 패배하기 불과 한 달 전이었다. 그 뒤 내 주변 지인과 가족들은(모두 스포츠팬으로, 직접 명상하지는 않지만 명상에 대해 아는 사람들이다) 명상이 집중력과 성공에 미치는 힘에 회의적인 반응을 보였다. 명상으로 유명한 팀이 슈퍼볼에서 패배하는 마당에 마음챙김이 과연 성공을 위한 도구로 가치가 있을까?

여전히 그렇다고 나는 생각한다. 그리고 이 시점에서 인정해도 좋을 듯하다(아직 당신이 결론을 내리지 않았다면). 나에게는 생산성을 개선하는 도구로 마음챙김을 상업화하는 흐름이 조금 이상해 보인다. 무엇보다도 나는 목적론적 관점에서 특정한 '결과'를 위해 설계된 '도구'로서 명상을 간주하는 태도가 불편하다.

그러나 이러한 회의론적 견해를 주장하려고 할 때마다 몇 년 전 채식주의자 사촌과 나누었던 대화가 떠오른다. 내 사촌은 생물인류학을 공부하는 대학원생으로 동물보호운동가이자 오랜 채식주의자다. 나는 그에게 유명 인사들이 살을 빼려는 목적으로 채식주의를 표방하는 유행에 짜증이 나지 않는지 물었다. 그는 단호하게 고개를 저었다. "잘못된 이유로 올바른 행동을 하는 쪽이 올바른 행동을 전혀 하지 않는 쪽보다 더 낫다고 생각해"라고 그는 대답했다(여기서 '올바른' 행동이란 채식을 의미한다).

이러한 철학적 관점은 마음챙김 열풍, 이른바 '맥마인드풀니스McMindfulness'(자본주의의 상징인 맥도날드의 앞글자와 마음챙김을 합성한 용어로, 마음챙김이 세속화되는 경향을 가리킨다 – 옮긴이)에도 적용되는 듯하다. 나는 더 많은 사람이 명상의 무한한 이득을 누리고 있다는 점을 기쁘게 생각한다. 또한 명상을 열심히 실천하는 사람을 더 이상 파촐리 향을 풍기는 히피로 간주하지 않는 흐름도 반가운 변화라고 느낀다. 그리고 기업의 마음챙김 프로그램이 구성원의 자기관리를 중요하게 여긴다는 신호라면 좋게 받아들일 준비가 돼 있다.

하지만 나는 명상을 대안적 관점에서 바라볼 여지가 여전히 존재한다고 생각한다. 특히 우리가 일을 대할 때 더욱 그러하다.

마음챙김을 우리가 해야 할 일을 완수하기 위해 활용하는 도구라고 생각하면, 현재에 몰입하는 대신 미래지향적인 사고에 갇히게 된다. 물론 그렇다고 해서 마음챙김의 신경과학적 효과가 사라지지는 않는다. 우리는 마음챙김을 실천해서 더 많은 성과를 달성할 수 있다. 하지만 그저 현재에 머물기 위해 마음챙김을 실천하면 어떨까? 고대의 수련 방식에 마케팅 전략을 입히지 않은 채 마음챙김의 효과를 누려보면 어떨까?

심리학자 크리스틴 네프는 '자기 자비self-compassion'라는 용어를 만든 것으로 유명하다. 네프에 따르면 자기 자비의 첫 번째 요소는 너그러움이다. 우리가 '스스로를 실망하게 만들거나' 해야 할 일을 완수하지 못하더라도 떨쳐낼 줄 아는 능력이다. 자기 자비의 다른 두 가지 요소는 인식과 마음챙김이다. 더 많은 것을 이루기보다 지금 있는 그대로도 충분하며, 우리가 해내는 일에 따라 우리의 가치가 결정되지 않는다는 사실을 이해하는 것이 목표다. (하지만 연구에 따르면 자기 용서를 실천할 때 실제로 더 효과적으로 일할 수 있다.[3])

나는 이상주의자가 아니다. 모든 사람이 '옴Om'(힌두교의 거룩한 음절로서 명상할 때 흔히 쓰인다 – 옮긴이)이라고 외치면서 오로지 자기 자비를 실천하는 데 몰두해서 다른 할 일을 외면하라고 주장하지 않는다. 다만 우리가 마음챙김에 대해 이야기할 때 자비, 특히 자기 자비라는 개념이 전면에 등장해야 한다고 생각한다. 기업의 마음챙김 프로그램이라면 더욱 그렇다.

더 생산적으로 일하기를 바라는 것은 부끄러운 일이 아

니다. 하지만 일이 잘 풀리지 않는다고 느낄 때 자신을 너무 몰아붙이지 말고 약간의 여유와 사랑을 베풀 줄 아는 것도 부끄러운 일이 아니다.

9

정도를 지나침은 미치지 못함과 같다

비즈니스 세계에서 마음챙김의 위험성

by 데이비드 브렌델

데이비드 브렌델 David Brendel
보스턴에서 리더십을 코칭하고 개발하는 전문가이자 정신과 전문의로 활동
하고 있다. 리딩 마인드 리더십 코칭Leading Minds Executive Coaching의 창립자이
자 회장이며, 리더십 개발 및 코칭 기업인 마음전략Strategy of Mind의 공동창립
자다.

비즈니스 세계에서 마음챙김은 거의 숭배의 경지에 이른 듯하다. 그러나 급격하게 성장하는 모든 운동movement이 그렇듯이 마음챙김도 잠재적 이점이야 어떻든 간에 주의할 필요가 있다.

엘렌 랭어와 존 카밧진을 비롯한 선구적 연구자들이 오랫동안 발전시켜온 마음챙김은 지금 여기의 경험에 마음을 기울이고 집중하는 전략이다. 호흡할 때 복근의 움직임이나 창밖에서 지저귀는 새의 울음소리를 알아차리는 연습을 예로 들 수 있다. 마음챙김은 도교나 불교와 같은 고대 동양철학에 뿌리를 두고 있다. 현대의 경험적 연구에 의하면, 마음챙김은 불안과 정신적 스트레스를 줄이는데 효과적이다.[1] 최근 한 연구는 마음챙김이 뇌졸중과 심장마비의 위험도 줄일 수 있다고 주장했다.

마음챙김 명상은 이제 폭넓게 받아들여지고 있다. 「뉴리퍼블릭New Republic」지는 「2014년은 어떻게 마음챙김의 해가 되었나How 2014 Became the Year of Mindfulness」라는 기사를 실었고, CBS의 시사프로그램 〈60분〉은 마음챙김을 조명했으며, 허핑턴포스트는 마음챙김을 칭송했다. ABC 뉴스의 유명한 특파원인 댄 해리스는 『10% 행복 플러스 Ten Percent Happier』라는 베스트셀러에서 과거에 대중에게 공개했던 불안장애를 관리하기 위한 최적의 방법으로 마음챙김 명상을 발견한 이야기를 들려주었다. 임상의학과 심리학에서도 마음챙김을 어떻게 활용할지 관심을 보이고 있으며, 일부 대형 보험회사는 특정 사례에서 환자가 마음챙김을 수행할 경우 보험을 적용하는 방안을 고려하고 있다.

나는 리더십 코치이자 의사로서 종종 마음챙김을 예찬

하며 고객들에게도 추천한다. 마음챙김은 스트레스를 관리하고 번아웃을 피하며 리더십 역량을 기르는 데 도움을 줄 뿐 아니라 중요한 의사결정을 내리거나 경력을 전환하거나 개인적 삶에 변화가 있을 때 마음의 평정을 유지할 수 있게 해준다. 동양철학의 개념과 현대 뇌과학의 연구 결과를 바탕으로 나는 고객들이 코칭 세션과 일상생활에서 호흡 조절을 비롯한 마음챙김 전략을 적용하도록 돕고 있다.[2] 때로는 내가 코칭 세션에서 제공할 수 있는 것보다 더욱 전문적이고 깊이 있게 마음챙김 명상과 요가를 가르치는 동료를 추천해주기도 한다.

그러나 마음챙김에 대해 쌓여가는 나의 지식과 열정은 마음챙김을 과도하게 중시할 때 발생할 수 있는 위험에 관한 우려로 수그러들고 있다. 나는 스트레스를 관리하고 최고의 성과를 달성하며 직업적·개인적 만족을 누리기 위해서는 마음챙김만큼이나 다른 모델과 전략도 중요하다고 생각한다. 마음챙김만 맹신하다 보면 대안적 전략이 설자리가 사라진다. 때로는 '마음챙김에 대한 숭배'가 발달하는 과정을 지켜보고 있다는 느낌마저 든다. 이를 적절히 인지하면서 조절하지 않으면 안타까운 반작용이 초래될 수 있다. 나의 몇 가지 우려를 소개한다.

회피할 위험

어떤 사람들은 비판적 사고가 필요한 작업에서 도망치기 위해 마음챙김 전략을 이용한다. 내가 만난 고객 중 일부도 경력 문제나 윤리적 딜레마를 이성적으로 숙고하는 대신 문제상황에서 벗어나 명상에 잠기기를 선호했다. 하지만 어떤 문제는 생각을 덜 하는 게 아니라 더 많이 해야 해결된다. 때때로 스트레스는 호흡이나 다른 즉각적인 감각 경험에 집중하면서 내면으로 칩거하라는 신호가 아니라 치열한 자기성찰적 사고를 통해 우리가 처한 상황을 고민해야 한다는 신호이기도 하다. 마음챙김 전략은 건전한 합리적 사고를 위해 마음을 준비시킬 수는 있어도, 당연한 얘기지만 합리적 사고를 대체할 수는 없다. 한 고객은 명상에 지나치게 시간을 많이 쏟으면서 자신의 삶을 '있는 그대로' '마음을 챙기며' 수용하느라 노력하는 바람에 회사에서 성과가 저조한 직원들을 훈육하거나 내쫓지 못했다. 명상을 마친 후에는 집중적이고 업무 중심적인 방향으로 사고가 전환되지 않아 어려움을 겪었다. 내가 강력한 자극과 확신을 제공한 끝에야 이 고객은 불교적 명상을 수행한다고 해서 성과 미달 직원을 용인해야 한다는 뜻은 아니라는 사실을 받아들였다. 사람들이 경력과 개인적 삶에 대해 고민하는 과정에서 마음챙김 명상은 합리적이고 분석적인 사고 과정을 대체하기 위해서가 아니라 이를 촉진하려는 목적으로 사용되어야 한다.

강요할 위험

마음챙김이 주류 미국인의 삶에 침투하면서 일부 조직과 기업은 기특하게도 직장에서 구성원들이 마음챙김을 실천하도록 장려하고 있다.[3] 그러나 나는 이러한 새로운 흐름이 지나치게 강조된 결과 부적절한 상황으로 이어지는 경우를 봐왔다. 어느 금융서비스 회사의 사업부장은 직속 부하 직원들에게 일주일에 여러 번 마음챙김 세션에 참여하도록 강제했다. 세션은 10분에서 15분 정도 호흡을 조절하거나 심상요법을 훈련하는 방식으로 이루어졌다. 많은 직원이 이 세션을 두려워하기 시작했고, 어떤 직원들은 마음챙김은 혼자 실천해야 한다고 생각했기 때문에 이러한 세션이 극도로 어색하고 불편하다고 느꼈다. 직원들의 업무 관련 스트레스를 줄이기 위해 고안된 세션이 오히려 스트레스를 증가시킨 셈이다. 마음챙김 세션은 몇 주 동안이나 이어졌고, 마침내 몇몇 직원이 용기를 쥐어짜 사업부장에게 세션 참가가 필수가 아니라 선택이기를 강력히 원하며, 세션에 참가하지 않는다고 해서 불이익이 있어서는 안 된다고 요구했다. 마음챙김은 자기 효능감과 주도적인 자기 돌봄이라는 철학과 심리학에 뿌리를 두고 있다. 이를 사람들에게 강요하는 행동은 마음챙김을 격하시킬 뿐 아니라, 각자 자발적인 의지로 실천했다면 도움을 얻었을 사람들에게서 마음챙김의 혜택을 앗아가는 행위이기도 하다.

마음챙김은 현대 미국인의 삶에서 중요한 문화 현상으로 떠올랐다. 특히 비즈니스 세계에서는 스트레스나 번아웃을 비롯한 현실적 어려움에 대처해야 하는 사람들에게 좋은 소식이다. 그러나 마음챙김은 사람들이 스트레스에 대처하고 효과적으로 사고하며 건전한 의사결정을 내리고 성취감을 느끼기 위해 자발적으로 선택하는 다양한 전략들 가운데 하나여야 한다. 마음챙김은 우리의 합리적이고 윤리적인 사고 과정에 도움이 되어야지 이를 제한하거나 대체해서는 안 된다. 그리고 다른 사람에게 강제해서는 안 된다. 특히 직장에서 주의해야 한다. 불안을 길들이고 스트레스를 관리하며 업무 성과를 최적화하고 행복과 충만함을 느끼기 위한 개개인의 전략을 발견할 기회를 제공하는 것에 중점을 둔다면 서구의 마음챙김 문화는 크게 한걸음 나아갈 수 있을 것이다.

주석

2장

1. S. N. Banhoo, "How Meditation May Change the Brain," *New York Times*, January 28, 2011.

2. B. K. Hölzel et al., "Mindfulness Practice Leads to Increases in Regional Brain Gray Matter Density," *Psychiatry Research* 191, no. 1 (January 30, 2011): 36–43.

3. K. C. Fox et al., "Is Meditation Associated with Altered Brain Structure? A Systematic Review and Meta-Analysis of Morphometric Neuroimaging in Meditation Practitioners," *Neuroscience and Biobehavioral Reviews* 43 (June 2014): 48–73.

4. M. Posner et al., "The Anterior Cingulate Gyrus and the Mechanism of Self-Regulation," *Cognitive, Affective, & Behavioral Neuroscience* 7, no. 4 (December 2007): 391–395.

5. O. Devinsky et al., "Contributions of Anterior Cingulate Cortex to Behavior," *Brain* 118, part 1 (February 1995): 279–306; and A. M. Hogan et al., "Impact of Frontal White Matter Lesions on Performance Monitoring: ERP Evidence for Cortical Disconnection," *Brain* 129, part 8 (August 2006): 2177–2188.

6. P. A. van den Hurk et al., "Greater Efficiency in Attentional Processing Related to Mindfulness Meditation," *Quarterly Journal of Experimental Psychology* 63, no. 6 (June 2010): 1168–1180.

7. B. K. Hölzel et al., "Differential Engagement of Anterior Cingulate and Adjacent Medial Frontal Cortex in Adept Meditators and Non-meditators," *Neuroscience Letters* 421, no. 1 (June 21): 16–21.

8. S. W. Kennerley et al., "Optimal Decision Making and the Anterior Cingulate Cortex," *Nature Neuroscience* 9 (June 18, 2006): 940–947.

9. B. S. McEwen and P. J. Gianaros, "Stress–and Allostasis–Induced Brain Plasticity," *Annual Review of Medicine* 62 (February 2011): 431–445.

10. Y. I. Sheline, "Neuroimaging Studies of Mood Disorder Effects on the Brain," *Biological Psychiatry* 54, no. 3 (August 1, 2003): 338–352; and T. V. Gurvits et al., "Magnetic Resonance Imaging Study of Hippocampal Volume in Chronic, Combat-Related Posttraumatic Stress Disorder," *Biological Psychiatry* 40, no. 11 (December 1, 1996): 1091–1099.

3장

1. S. Bradt, "Wandering Mind Not a Happy Mind," *Harvard Gazette*, November 11, 2010.

2. J. C. Pruessner et al., "Free Cortisol Levels After Awakening: A Reliable Biological Marker for the Assessment of Adrenocortical Activity," *Life Sciences* 61, no. 26 (November 1997): 2539–2549.

8장

1. A. D. DeSantis and A. C. Hane, "'Adderall Is Definitely Not a Drug': Justifications for the Illegal Use of ADHD Stimulants," *Substance Use and Misuse* 45, no. 1–2 (2010): 31–46.

2. D. M. Levy et al., "The Effects of Mindfulness Meditation Training on Multitasking in a High-Stress Information Environment," Graphics Interface Conference, 2012.

3. M. J. A. Wohl et al., "I Forgive Myself, Now I Can Study: How Self-Forgiveness for Procrastinating Can Reduce Future Procrastination," *Personality and Individual Differences* 48 (2010): 803–808.

9장

1. J. Corliss, "Mindfulness Meditation May Ease Anxiety, Mental Stress," *Harvard Health Blog*, January 8, 2014.

2. M. Baime, "This Is Your Brain on Mindfulness," *Shambhala Sun*, July 2011, 44–84; and "Relaxation Techniques: Breath Control Helps Quell Errant Stress Response," *Harvard Health Publications*, January 2015.

3. A. Huffington, "Mindfulness, Meditation, Wellness and Their Connection to Corporate America's Bottom Line," *Huffington Post*, March 18, 2013.

옮긴이 **김효원**

서울대학교 경제학부를 졸업하고, 동 대학교 심리학과 석사과정을 졸업했다. 심리학 기반 컨설팅 연구소에서 일하며, 번역 에이전시 엔터스코리아에서 출판기획자 및 전문 번역가로 활동 중이다. 옮긴 책으로는 『시작하기 전에 알았더라면 좋았을 것들』, 『최초가 아니라 최고가 되어라』, 『제러드 라이언스의 거대한 전환』, 『미래학자처럼 생각하라』, 『아이디어 겟』, 『미라클 리스트』, 『1%의 원리』, 『더미를 위한 분노조절』 등이 있다.

KI신서 7709

HOW TO LIVE & WORK #1 마음챙김

1판 1쇄 인쇄 2018년 10월 12일
1판 1쇄 발행 2018년 10월 19일

지은이 앨리슨 비어드 크리스티나 콩글턴 브리타 K. 휠첼 사라 W. 라자르 라스무스 호가드 재클린 카터 대니얼 골먼 수전 데이비드 대커 켈트너 마리아 곤잘레스 샬럿 리버만 데이비드 브렌델 **옮긴이** 김효원
펴낸이 김영곤 박선영 **펴낸곳** (주)북이십일 21세기북스

콘텐츠개발1팀장 이남경 **책임편집** 김선영

해외기획팀 임세은 장수연 이윤경

마케팅본부장 이은정

마케팅1팀 김홍선 최성환 나은경 송치헌 **마케팅2팀** 배상현 신혜진 조인선 **마케팅3팀** 한충희 최명열 김수
디자인 어나더페이퍼 **홍보팀장** 이혜연 **제작팀** 이영민

출판등록 2000년 5월 6일 제406-2003-061호
주소 (우 10881) 경기도 파주시 회동길 201(문발동)
대표전화 031-955-2100 **팩스** 031-955-2151 **이메일** book21@book21.co.kr

(주)북이십일 경계를 허무는 콘텐츠 리더

21세기북스 채널에서 도서 정보와 다양한 영상자료, 이벤트를 만나세요!
페이스북 facebook.com/21cbooks 블로그 b.book21.com
인스타그램 instagram.com/book_twentyone 홈페이지 www.book21.com
서울대 가지 않아도 들을 수 있는 명강의! 〈서가명강〉
네이버 오디오클립, 팟빵, 팟캐스트에서 '서가명강'을 검색해보세요!

ⓒ 하버드비즈니스스쿨 출판그룹, 2018
ISBN 978-89-509-7656-9 03320